U0125833

We Do

Saying Yes to a Relationship of
Depth, True Connection, and
Enduring Love

［美］ 斯坦·塔特金 —— 著
（Stan Tatkin）

钟毓欣 —— 译

在亲密关系中共同成长

解决冲突、长久相处的共读手册

机械工业出版社
CHINA MACHINE PRESS

Stan Tatkin. We Do: Saying Yes to a Relationship of Depth, True Connection, and Enduring Love.

Copyright © 2018 © Stan Tatkin.

Simplified Chinese Translation Copyright © 2024 by China Machine Press.

Simplified Chinese language edition published in agreement with Sounds True, Inc. through The Artemis Agency. This edition is authorized for sale in the Chinese mainland (excluding Hong Kong SAR, Macao SAR and Taiwan).

No part of this book may be reproduced or transmitted in any form or by any means, electronic or mechanical, including photocopying, recording or any information storage and retrieval system, without permission, in writing, from the publisher.

All rights reserved.

本书中文简体字版由 Sounds True, Inc. 通过 The Artemis Agency 授权机械工业出版社在中国大陆地区（不包括香港、澳门特别行政区及台湾地区）独家出版发行。未经出版者书面许可，不得以任何方式抄袭、复制或节录本书中的任何部分。

北京市版权局著作权合同登记　图字：01-2023-2155 号。

图书在版编目（CIP）数据

在亲密关系中共同成长：解决冲突、长久相处的共读手册 /（美）斯坦·塔特金（Stan Tatkin）著；钟毓欣译. -- 北京：机械工业出版社，2024. 5. -- ISBN 978-7-111-75859-4

I. C913.13-49

中国国家版本馆 CIP 数据核字第 2024XR6075 号

机械工业出版社（北京市百万庄大街 22 号　邮政编码 100037）
策划编辑：朱婧琬　　　　责任编辑：朱婧琬
责任校对：郑　婕　梁　静　责任印制：单爱军
保定市中画美凯印刷有限公司印刷
2024 年 8 月第 1 版第 1 次印刷
147mm×210mm·7.375 印张·1 插页·168 千字
标准书号：ISBN 978-7-111-75859-4
定价：59.00 元

电话服务　　　　　　　　　网络服务
客服电话：010-88361066　　机 工 官 网：www.cmpbook.com
　　　　　010-88379833　　机 工 官 博：weibo.com/cmp1952
　　　　　010-68326294　　金 书 网：www.golden-book.com
封底无防伪标均为盗版　　机工教育服务网：www.cmpedu.com

谨以此书献给我的妻子特蕾西·博德曼 – 塔特金（Tracey Boldemann-Tatkin），我的自由、安全、保障以及写作本书的资源，都归功于她。也献给我的继女乔安娜（Joanna），如果我需要，她会为我战斗。谢谢你们，我爱的人，谢谢你们对我的包容。

为什么你们应该共同成长

作为伴侣关系治疗师，我经常看到一些伴侣在一段关系的开端就屡屡犯错，如果我在他们婚前和他们见过面，大概就能猜到他们以后会跟我分享的麻烦事。这听上去可能有些傲慢和自以为是，但其实一旦你明白在任何亲密关系中什么可行，什么不可行，你就能理解失败婚姻的轨迹。我多么希望多年前，在我结束第一段婚姻，学会建立一段健康、稳定的关系所必须的技巧和态度之前，就能知道这些。如今，我与妻子特蕾西就处于健康、稳定的关系之中。我写这本书是因为我相信关系中出现的问题可以提前防范。如果婚姻一开始没有驶入正轨，那么搁浅也在预料之中——如果我知道这些，我有什么理由不向那些刚刚开始关系之旅的伴侣发出警报呢？

我目睹过许多人不经事先了解，就勇于做出重大尝试。例如，很多人想成为父母，却回避或拒绝寻求咨询、支持，甚至不阅读书籍或文章以为未来做准备。许多领养孩子的人没有阅读过相关文献或咨询过专业意见，没有做好抚养子女的准备，就一跃成为父母。结婚、领养子女或生儿育女等人生大事都需要事先准备。一般来说，人们不重视咨询，可能是因为他们不喜欢受人指点。许多人认为，婚姻与生儿育女、领养子女一样，应该是顺其自然的事，就好像我们生来就手握着能告诉我们应该如何做好这些的路线图。因为我从事的行业，所以我可以清楚地看到，极少人拥有这样的路线图。

你和伴侣应该都对我谈论的内容感兴趣，而不应只有一方感兴趣。如果只有一方对本书感兴趣，那你们之间可能出了问题。如果你们忽视这个问题，我可能很快就会在咨询室见到你们。

能唱红脸的时候，我不想唱白脸。我会在书中提及结为伴侣的诸多好处。我写作本书的目的不是吓唬你们，而是帮助你们避免重蹈关系失败的伴侣的覆辙，远离悲伤。如果阅读本书能够让你们俩都更幸福、更健康、更成功、更优秀，那么本书是不是值得你们花时间阅读呢？

我的目标是将我目前对亲密关系（特别是稳定的亲密关系）的理解和看法倾囊相授。你们会发现，学会建立稳定的亲密关系是一个"我们愿意"而不是"我愿意"的过程。因此，我希望你们一起阅读这本书，并实践书中列出的许多练习和建议。阅读这本书与缔结婚姻一样，要两人携手并进。这就是书中想要传达的观点，共同成长的意义正在于此。我们要么作为一支团队共同成长，要么就无法建立稳定的关系。

另外，我和我在关系领域的偶像——哈维尔·亨德里克斯（Harville Hendrix）、海伦·拉凯莉·亨特（Helen LaKelly Hunt）、玛丽昂·所罗门（Marion Solomon）、埃琳·巴德（Ellyn Bader）、彼得·皮尔逊（Peter T. Pearson）、约翰和茱莉·戈特曼（John and

Julie Gottman)、丹尼尔·西格尔（Daniel J. Siegel）以及休·约翰逊（Sue Johnson）都赞同这本书中列出的关系稳固运行的基本原则。⊖尽管我们每个人采取的方法各不相同，但我们一致认为，我们的文化过于偏向"我"，而偏离了"我们"。

为什么要共同成长

亲爱的朋友，在继续论述之前，我想谈谈我的忧虑——我担心你们可能会被"结合"（另一种说法是"交往"）所传递的复杂文化信息所误导。不仅幸福源于稳固的亲密关系，稳固的关系也预示着长寿与身体健康。让我先来引用一项历时 79 年（截至本书撰写时）的关于幸福的纵向研究。该研究始于 1938 年哈佛医学院的格兰特研究（Grant Study），之后拓展到其他研究，成为有史以来持续时间最长的人类研究。[1]主持该研究 30 多年的乔治·维兰特（George Vaillant）博士和目前仍在指导该项目的罗伯特·瓦尔丁格（Robert Waldinger）博士总结道："在人的一生中，关系所给予的温暖最能提升'生活满意度'。"维兰特在他的研究报告中更加简洁地指出："幸福就是爱，就是这样。"[2]

稍加防范

尽管如此，约有 42% 的初婚以离婚收场，这些婚姻平均仅维持了

⊖ 面向伴侣、家庭、社区、机构培养健康关系技能的非营利机构——"关系优先"（Relationships First）由哈维尔·亨德里克斯和海伦·拉凯莉·亨特创建。机构中的成员除了列出的人之外，还有我和我的妻子特蕾西·博德曼－塔特金。

八年。60% 的二婚和 73% 的三婚最终都走向了离婚。如果想获得突破，最好的办法是什么？要做出防范！成为对彼此了如指掌的专家，接受彼此"本来的样子"，成为彼此神经系统出色的协同管理人，心怀无法撼动的共同目标和愿景，恰当地管理第三方关系，并全身心地投入合作、公平、公正、体贴的稳固关系。

我在书中介绍了一种处理伴侣关系的心理生物学方法，换言之，对于我们之间如何建立联结、保持联系，既要考虑心理学因素，也要考虑生物学因素。在心理学方面，我注重家庭历史以及我们与他人（如父母与兄弟姐妹）建立关系的早期经历。在生物学方面，我关注大脑、唤醒系统和身体健康对关系处理方式的影响。关系处理方式包括你如何"解读"你的伴侣，以及你们如何在情感和能量层面相互管理。研究告诉我们，心理学和生物学因素都是预测长期关系成功与否的重要因素。幸运的是，大多数因素既可塑，也可变。关系或积极、或消极地影响并改变我们的生理机能。

我有很多给那些计划结婚、同居、组建家庭、建立固定关系的伴侣的建议。你们可以从书籍、脱口秀、咨询师、研讨会及朋友那里获得帮助。可惜，尽管此类建议有时大有裨益，但大多数建议缺乏心理学深度，不够全面，没有系统的实证研究基础。神职人员通常以访谈或基于问卷的形式提出婚前建议，但这种方式无法为双方今后的婚姻生活提供保障。非宗教性质的婚前咨询也有类似问题。我并不反对你们在婚前与神职人员会面，向他们寻求建议，而是建议你们在接受指导的同时阅读这本书。这本书以科学和研究为基础，阐述了发展神经科学、唤醒调节与依恋理论，使用通俗易懂的语言探讨人类的"结合"问题。

这本书的主要目的是帮助你在早期防范婚姻问题，书中讨论的各种防范方法都基于我的心理生物学伴侣疗法（Psychobiological Approach to Couple Therapy，PACT）。该疗法是从婴儿和成人依恋研究、婚姻结果研究和发展神经生物学能力模型（人们在社会情感层面能够做些什么）发展而来的。我们将在一些章节中讨论关系心理学，因为你与他人的过往经历（尤其是童年经历）也会在今天影响你。我想帮你预防未来的婚姻问题，而不是坐等问题出现后再帮你解决。虽然问题出现后接受治疗可能非常重要，但如果你没有解决核心需求、愿望、联结风格的问题，双方还没有商定权力和方向原则，那么很可能治疗已来不及挽救你们的关系。让我们一起，在你建立关系之初就让这段关系具备所有成功要素。

因此，我在本书开头就向你说明：无论你和伴侣在婚姻或一段固定关系中处于什么阶段，你们的关系及其质量都会极大影响生活中的健康与幸福。这是因为你需要他人为你做很多重要的事情，陪伴只是其中之一。成年人至少需要一个成年人（而非孩子）来帮助他建立自尊、认识自我、发现自我并提升自我。像牙缝里有菠菜这样的事，你需要另一个人来提醒你，而像增长见识这样更重要的事，你也需要另一个人来帮你。你需要信任另一个人。（我敢说，你一定以为我会说你需要另一个人信任你，这也是对的，当然也很好，但前者才是重点。）你需要去爱，也需要去信任，这是稳固关系的关键所在，我稍后再详细说明。

我相信世上存在忠诚的亲密关系，并且我一生都致力于帮助伴侣建立健康、持久、幸福的联结。不过，婚姻的总体情况目前显然处于动荡之中。在美国，婚姻制度会继续存在吗？在西方世界呢？甚至在全世界呢？在撰写本书之际，很多日本的年轻人都选择不结婚，甚至没有性生活。千禧一代可能在改变规则，虽然现在下定论还为时尚早。新的亚文化出现，亲密关系的定义似乎悄然改变。如果这种改变确实在发生，那么对于一些人来说，提供一本新的"婚前手册"的意义可能类似于销售过期产品。但是，我不认为配对的结合方式会消失，因为配对和结合不是由文化决定的行为。相反，这是人类固有的生物性驱力。因此，无论你对关系的期许是"婚姻"还是"承诺"，这本书都意义非凡。我可以肯定地说，忠诚的亲密关系永远不过时。

那么，也让我在此许下承诺。我撰写本书是希望你们能有一段成功的亲密关系。我承诺，如果你和未来伴侣实践了书中描述的原则与技巧，你们的亲密关系将会开花结果——不仅会甜甜蜜蜜地开始，而且会一直顺顺利利。这样的承诺可能听起来很浮夸，但因为本书提供了一种独特而全面的婚前咨询，所以在建立共同成长的关系时，它可以帮助你和伴侣认真审视重要问题。相信我，一切皆有可能！

当然，书中的提议可能在刚开始执行时充满挑战，那是因为我们在这里谈论的不是一个人，而是两个人——他们的大脑不同，需求不同，经历不同，愿望不同，个性也不同。身为伴侣关系治疗师，我经常收到许多来自个人的问题。我永远无法给出贴切的答案，因为我需要见到伴侣双方的活动。如果不研究双方每时每刻的互动，就无法理解伴侣系统。真正需要理解伴侣的并不是治疗师。伴侣双方需深入并准确地理解对方，而这只能通过伴侣之间全面的调查、深思并达成一致才能实现。然而，要做到这些，你需要知道应该调查和深思哪些事情，以及如何在不妥协的情况下达成一致。

本书的写作目的

在撰写本书之前，我的主要写作内容是伴侣的心理生物学和关系的稳固运行。在《你的 Ta 在想什么》(*Wired for Love*) 和《你的 Ta 在哪里》(*Wired for Dating*) 这两本书中，我深入探讨了依恋风格、大脑功能、伴侣关系的改善和合适伴侣的识别等问题。本书也将涉及这些内容，但本书有所不同，它旨在帮助你和伴侣对婚姻做好全面准备，让你们的关系从一开始就步入正轨。这是我迄今为止最全面的作品。这本书不只讲述如何判断你的伴侣与你是否般配，相反，它为你和伴侣今后的漫长征途做好准备，并为你们提供能让你们在现在和未来获益良多的工具和态度。

目前，婚前指导的模式几乎无法帮助伴侣了解彼此，并了解未来 20 年间他们将会因何而争吵。这些模式在构建稳固的婚姻方面也几乎提供不了帮助。在这本书中，我想为你提供一个足够综合性的伴侣关系视角，以帮助你和伴侣解决婚姻中最严重的问题，并为美好的未来做好准备。稳固意味着你和伴侣可以像双人心理系统一样运作，充分协同、合作并互相保护。

本书的使用方法

在前两章中，我们将探索成功婚姻的秘诀。接着，我们将讨论对伴侣影响最大的问题，包括消极的大脑，麻烦三兄弟——记忆、感知与交流以及依恋风格。之后，我们将考察你和伴侣对彼此的了解程度，包括如何识别和处理可能威胁关系的雷区。最后，我还会深入讨论性与争吵等话题。

　　大部分自助类图书都针对一个人，如果书的唯一主题是你，那么这么做足矣，但是在双人心理系统里，双方都需要理解并接受同样的原则，否则可能出现更大的问题。一个人就已经足够复杂，双人系统则更为复杂。

　　许多伴侣不愿意一起读书，有一部分原因是针对伴侣的自助类图书通常写给一个人，而一个人无法让一段关系进入最活跃、最健康的状态。这就是俗话说的"一个巴掌拍不响"。如果你想要打造成功的婚姻，你们需要保持一致，用四只眼睛阅读，用四只耳朵倾听，用两颗心投入。

　　出于这个原因，我写了这本书，供伴侣共同阅读。如果你独自阅读，即使你完全赞同书中的观点，也无济于事，除非伴侣也赞同。相反，你们可以实时为对方阅读，或确保你们都读过某一章，然后再一起讨论。最后，本书适用于所有固定伴侣关系，不仅关乎婚姻。本书的中心是"我们"，而不是"我"。我们在进入一个相互依赖的新时代，这个时代将摆脱对独立的崇拜和对依赖的不屑。我希望能说服你，让你相信相互依赖的好处。我想向你展示人类状况的普遍性，说明相互依赖不仅是更优的选择，更是我们生理机能和基因遗传的一部分。在阅读中，你将了解到，我们至少需要一个可以依赖、信任和捆绑在一起的人，才能更长寿，生活得更健康。

　　我想再次呼吁你们一起阅读这本书。你们可以互相为对方阅读每一章，然后进行讨论。试着了解彼此对书中材料的想法。你们中的一方很可能对某些观点反应强烈。不要担心，就让这些观点暂时停留在你们的脑海中。随着深入阅读，书中的观点会变得更有意义。每一章都有概念、解释、示例和练习板块。你们可以根据特定兴趣和需要，参与书中的实验、练习和游戏，要确保一起参与进来。

对于"科学狂人"来说，书中提出的观点不仅是个人观点，还基于婴儿和成人依恋研究、神经科学、发展心理学、策略与结构系统理论、客体关系理论、情绪和唤醒调节理论、婚姻结果研究、面部表情和肢体语言模型以及著名的人类压力模型。我已经删除大部分技术性细节，这样你就不会对材料感到迷茫，在踏入"我们"的领域时，能够专注于应该探索、避免和了解哪些内容。你可以从头读到尾，也可以专注于吸引你的章节。

我提供了很多信息，以帮助你们更好地了解彼此。其中一些是深层心理知识，需要特别注意：切勿使用这些材料诊断自己或伴侣，也不应该用它们来贬低或攻击自己或伴侣。科学家和研究人员研究了很多人以了解行为的常态。虽然他们的研究能够为我们提供全景图，但每个人都独一无二。个体的行为应该由能够弥合书中呈现的科学分类和真实个体行为之间差距的人来进行解释，所以请小心处理，不要自行归类，而应向专家咨询。

我喜欢案例教学。请记住，书中的示例综合了很多真实案例，不能代表任何真实个人或伴侣的情况。这些年来，我见过太多对伴侣，因而示例中的人物、故事会很贴近真实生活，我不确定我"虚化"得如何。示例中的人物如果与任何人雷同，纯属巧合。

我还在书中布置了许多练习。其中一些练习需要在禁止说话的同时保持眼神交流，我知道有些人会抱怨，但这很重要。与伴侣保持眼神交流可能一开始会让你感觉不自在，但一旦开始练习，你就会明白它的重要性。

准备好了吗？现在，让我们开始共同成长。

第 1 章

成功婚姻的秘诀

当我站在教堂圣坛上迎接我美丽的新娘特蕾西时，我陷入了沉思。我在思考我们之间的爱情，思考这个异彩纷呈的时刻，思考我是如何一路长途跋涉走到这里。我初次遇见特蕾西是在初中科学课上，她身材高挑，一头金发，我对她心生好感，并在整个中学阶段都对她心动不已。后来，有人介绍我们重新认识，那时的我旧伤未愈，第一段婚姻以离婚收场，让我心生困惑，也对自己产生了怀疑。我不断问自己：为什么这件事会发生在我身上？是我的原因吗？还是前妻的原因？我们最初有多少共同语言？是渐行渐远了吗？如果做点别的，能挽回我们的婚姻吗？如果能，应该做点什么？但我从未问过自己："我们"应该如何做？相较于夫妻一方做了什么或不做什么，夫妻双方的共同付出更为重要。现在，特蕾西马上就要将此生托付于我，她正向圣坛走来，我也准备再说一次"我愿意"，但我知道这一次不一样，非常不一样，因为这一次我们要说的不是"我愿意"，而是"我们愿意"。

"我们愿意"不同于"我愿意"

多年来，我一直在寻找成功婚姻的秘诀。我将在这本书中向你们分享我的成果，帮助你们为婚姻打下坚实的基础。数十年来，我在工作中接触了许多对伴侣，知道在发生冲突、面临权衡选择或者出现沟通问题时，需要巧妙地修复或巩固双方之间的关系。这本书不探讨"你愿意"还是"我愿意"，而是给伴侣双方提供一个关注"我们愿意"的机会。我们彼此之间了如指掌，知道如何相处，不会让对方感到恐惧、受到威胁或心生内疚。我们通过彼此吸引，得到我们想要的，排除我们不想要的，形成双赢局面。我们采取有利于双方的方式快速而高效地处理婚姻问题。我们共同行动时是开心的，如果不开心，就先变得开心，再行动。

我把所有成功的长期关系都称为稳固运行的关系。处于这种关系中的伴侣相互支持、相互依赖、相互信任、相互促进，而且一定相互尊重。在稳固的相处环境中，双方建立起健康的依恋关系。你和你的伴侣互相照顾，确保双方始终都能感到安全、安心，感到自己受到对方保护，为对方所接受、所爱。这种关系遍布全世界，跨越各个社会经济阶层，也存在于身心健康状况迥异的人群中。这是两个个体之间基于生存而达成的一系列原则，以及为之做出的决定。只有稳固的关系才预示幸福和满足，因为这种关系的运行准则是公平、公正、体贴。

我来快速下一番定义。在"我们愿意"的理念中，公平存在于平衡、平等、互惠的伴侣关系中，而不公平是指我的享受可能需要你来买单。公正是我对不公平行为做出补偿，修复、纠正我的错误。体贴是我惦记你，关爱你，你占据我的情感，成为我的软肋，影响我的感受。换句话说，体贴是我说话、做事时都记着你。

每一对伴侣，只要在一起足够久，都会经历人生的起起落落。即使情比金坚，时间一长，也要面临各种考验，遭受无法预见的损失、挑战和挫折。可以这么想：双方能够承受多大的压力而不分道扬镳，就标志着他们有多恩爱。以我的经验来看，亲密关系的成败不取决于金钱、时间、邋遢程度、性生活或孩子等常见问题，也无关爱好、性格或是年龄差异。换句话说，关系是否破裂不取决于压力的内容，而取决于我们作为伴侣如何应对这些压力。我们如何共处、如何倾听对方、如何让对方平静下来才是最重要的。

一段稳固运行的关系：

- 能够提供安全与保障。

- 需要共同管理（即共同调节）情绪。

- 能够互相协同、合作。

- 能够接受对方"本来的样子"。

- 能够妥善处理与第三方的关系。

- 能够为个人成长和幸福创造条件。

- 拥有双方共同持有的目标和愿景。

安全与保障

结为夫妻不仅仅是为了追求幸福、分享喜悦，或是共度风雨。结合的主要目的除了生育，就是生存，我们需要在这个世界上感到安全、有保障。世事难料，我们都得活下去。我知道这可能有点危言耸听，但现实就是如此。有人在你的周围虎视眈眈，他们虽然不会置你于死地，但会对你构成威胁。

伴侣关系是最小的社会单位。你们两个人组成一支生存团队。你们搭档巡逻，把命交给对方。你们一起轮值，互相保护，努力使彼此不受对方的伤害，也不受其他人和事的伤害。伴侣的主要职责是确保彼此的安全，使彼此不被对方或外界所伤。如果无法理解这一点，就不能正视伴侣关系的意义，也难以形成相互依存的稳固关系。

威胁

威胁有大有小，需要进行区分。暴力胁迫、生命威胁或任何形式的身体伤害（包括性虐待），都属于大的威胁。如果你在当前关系中遇到过任何大的威胁，请马上离开。立刻寻求帮助，到你安全时，再打开这本书。

如果你曾遭受身体伤害、性虐待或生命威胁，那么必须告知你的伴侣，并且必须确认他是能够抚慰你创伤的合适人选。这是个重要话题，稍后再详细讨论。

小的威胁我们都会经历，无论来自熟人还是陌生人。

这种威胁可能是你的伴侣在你谈论要事的时候转身离去，也可能是你的语气让对方觉得遭到鄙视或嘲讽。换句话说，小的威胁可能通过表情、眼神、肢体动作、声音、接触、言语或措辞表现出来，但对方没有恶意。

共同管理情绪

想象一下，你和你的伴侣站在一块板上，没有护栏，周围是一大片水面。风浪袭来时，你们只有双方都保持平衡才不会摔倒。每天都要这么做无疑很辛苦，但你们别无他法。所谓夫唱妇随，本质上就是情绪的共同管理，或曰共同调节。

作为团队，一对伴侣的共同调节能力决定了关系的成败，也从根本上影响着这段关系是否安全、稳固，能否长久。你们二人是一个体系，你们的神经系统相互依存，像常春藤缠绕在一起。两套神经系统代表了共同调节团队的两名成员，你们彼此依赖，共同管理所有情绪。

共同调节情绪的要务之一，是伴侣快速有效地共同应对困境和重重威胁。一对伴侣如果不断让对方感到过多威胁，终将改变对方的生理机能，让对方对此类表现越来越敏感。最终你们在判断对方的想法、感受和意图时，就更有可能出错。

特蕾西和我已成为彼此称职的护理员和管理人。这听起来不太好，好像我们是动物饲养员或商业经理人。好吧，不妨这么想：我们一旦了解一个孩子内心的挣扎，在行动上就能更加周到细致。如果我们认为我们对所做的事情得心应手，对相伴的人了如指掌，就能更快乐、更和谐、更有爱。相反，如果情绪调节不到位，我们可能会感到困扰、愤怒、焦虑、疏远。

身为婚姻治疗师，我发现共同调节有点让人捉摸不透。几乎无法预料哪对伴侣能够很好地做到这一点，许多伴侣似乎都挣扎其中。但我见过深谙此道的伴侣，无关年龄大小、理智与否，他们可能新婚宴尔，也可能是老夫老妻。好消息是，如果伴侣双方都懂得如何共同调节情绪，就能修复、矫正过往悬而未决的恐惧和忧虑，并且比任何治疗师所做的治疗都要快速有效。

协同与合作

你还记得读学前班时要学习怎样和其他孩子进行合作与协同吗？要知道，关系稳固的成年伴侣也必须以合作与协同的方式行事，还得是真正的相互合作与协同。你们是一个团队，是彼此的后盾，互相合作，互相协同。你们可以把稳固的关系想象成一艘船，如果伴侣双方既能携手并进，又能结伴同游，这艘船就有可能载着两人穿越时间和空间，畅游内心世界和外部世界的各个角落。合作与协同的普遍精神给稳固的关系带来信任，让伴侣无须追踪对方的每一个举动。如果其中一方难以信任任何人，那么他们可能无法建立稳固的关系。同样，如果其中一方想要称王称后，而不愿意分担，那也不行。

在大多数情况下，非协同关系都是旧有模式的遗迹，伴侣之间是不平等的。在美国早期的婚姻模式中，分工显然是按照传统进行划分的：丈夫在外工作，妻子料理家务，照顾家中的每一个人。几乎没有人会抱怨，因为每个人似乎都参与其中。时移世易，伴侣中起码有一方可能不愿接受传统观念。

稳固关系最大的特质之一就是协同。不协同的伴侣双方往往各自为营，或一方独大，或互相依赖。你们会在财务方面进行协同吗？家务活呢？休假安排呢？协同并不意味着每件事你们都要一起完成，而是意味着你们共同做决定，甚至共同决定哪些决定必须一起做。

接受对方本来的样子

如果我们对所有失败关系进行剖析，就会发现很多对伴侣中都至少有一方在摇摆。他们要么没有全情投入，要么还在期待对方做出改变。一段亲密关系需要安全、有保障，而对此危害最大的莫过于伴侣游移不定且闪烁其词。如果你只挑你中意的点，却无法接受伴侣现在的样子，那就麻烦了。没有谁是为了被伴侣改变才结婚的。这可行不通，永远也行不通。要么全情投入，要么空手而归。只有我们全心全意地接受彼此，婚姻才能美满，承诺才会兑现。

在我们所处的文化中，选择都不长久，也总有不止一个选项。我们还怀着对完美的憧憬在观望：如果我们足够坚持，那么更完美的……就会出现。不存在完美！也不存在理想伴侣，只会有足够好的伴侣，但绝对不够完美。如果你的伴侣愿意和你一起建立稳固的关系，也确实去做了，那么他就是你的完美伴侣！但你们双方都必须接受对方本来的样子，否则一切免谈。所有人都很难搞而且烦人，包括你在内！不管你不喜欢你的伴侣哪一点，请记住，你也有让人不喜欢的地方。

妥善处理与第三方的关系

第三方可以是你和伴侣以外的任何人、任何事或者任何活动。可以是人、宠物，也可以是事物，比如工作、爱好或物品。妥善处理与第三方的关系意味着伴侣要互相保护，使对方不受到家庭成员、朋友、前任等的伤害，并且不让其他活动威胁彼此的安全与保障。伴侣双方都要能很好地管理他们的"伴侣泡泡"（详见下文）。关系稳固的伴侣能够积攒资源，精心维护他们的亲密关系，并把彼此放在首位，使彼此不受外界干扰或威胁。处理不当包括将伴侣往火坑里推，未能保护他们免受第三方的侵害。这种情况比比皆是，我来举个例子。

玛莎和戴维即将在三个月内结婚。他俩都20多岁，戴维是非裔美国人，而玛莎有着德国血统。两人在一次社区剧场演出时相遇。玛莎的父亲比较强横，公开表示不喜欢戴维，因为不喜欢他的工作——戴维是一名电视演员。他对戴维的不屑似乎还与种族有关。玛莎的父亲是富商，极为保守，希望玛莎的丈夫能够有更好的出身（解读：白人，而且不是演员）。玛莎的母亲对此保持沉默。在戴维看来，这意味着她是支持丈夫观点的。玛莎并没有在父母面前维护戴维，反而伤害他，让他与父亲"交好"。玛莎的父亲在场时，戴维越来越不自在，玛莎却坚持让戴维去和父亲冰释前嫌。她为父亲的无礼辩护："我一直是他的小公主。他只是想保护我。"而父亲对她的黑人未婚夫有意见，玛莎却似乎视而不见。她认为父亲希望她过得安稳，这是一个演员所不能给的，但戴维知道自己是因为种族而遭到歧视。

玛莎始终没有意识到，她从一开始就没有妥善处理好与第三方的关系，牺牲戴维来取悦父亲。第三方处理不当至少会伤害到其中一方，久而久之，往往会摧毁一段关系。伴侣中一方没有把另一方放在首要地位，会让另一方感到被背叛，而如果前者不把这视为严重的问题，就更会对关系造成破坏。

为个人成长和幸福创造条件

如果你所处的关系一直极为稳固，你和伴侣自然会积攒更多的资源，这些资源可以促进个人成长和身心健康，并保护你们免受彼此和外界的伤害。不管是作为个人，还是作为伴侣，你们都会变得更有韧性，更善于应对生活的明枪暗箭和未知的事物。你们会成为更好的人，更好的父母、邻居和公民。你们的创造力和生产力会更上一层楼，你们也会以更无畏的态度去对抗你们的"专属恶龙"。听起来我像是把稳固的关系当成万金油，哪里不适抹哪里，甚至对秃顶、年老、贫穷等都有效。我自认为我所处的关系运行稳固，但我依然头顶光亮，每天早上照镜子的时候眼前也总是晃着一张老脸。不，稳固的关系不是万金油，也不像独角兽一样只是个传说。

你们能否取得个人成长，取决于你们的关系是否始终安全、稳固。如果你们中的任何一方稍微感到一点不安全、不信任、缺乏保障，就会消耗你的内在资源，让你无法实现个人成长，怀疑和威胁将会占据你的身心。没有一段稳固的关系，你的创造力、工作效率、亲和力、力量和"屠龙"的勇气都会大打折扣。而且，你的身体健康也取决于你和伴侣间稳固的关系。孤身一人、生活中没有人可以依靠或信任，对你的健康非常不利，但处在一段危机四伏、摇摇欲坠的亲密关系之中，对你的健康同样不利。

共同的目标和愿景

关系稳固的伴侣是平等的，并坚守共同约定的管理原则。伴侣双方如果没有共同的目标，通常会一头雾水：你俩要如何对待对方和其他人？要如何保护自己，确保不受彼此及其他人和事的侵害？

优先级

在进一步探讨之前，我先来谈谈在稳固的关系中优先级的问题。我们行事时都会区分轻重缓急。我不是指完成任务或进行组织管理，而是请你思考并回答以下问题：今后你最优先考虑的是什么？你的目标指向哪里？你展望过自己和伴侣的未来吗？比如，你的头等大事是你的工作或事业吗？还是孩子（如果有的话）？建立自己的家庭？抑或是个人发展、自由或其他个人利益？又或者，你把关系和伴侣放在了首位？厘清你和伴侣对事项优先级的考量对你的幸福生活和伴侣关系至关重要。

稳固并不意味着你和伴侣的关系必须居于首位，但确实意味着你必须知道你最优先考虑的事，这样才不会让自己陷入大的麻烦。（我个人认为，关系处于首位时会表现出最佳状态。）你和伴侣都必须明确事情的主次先后顺序，并且达成一致，否则将出现问题。你们最优先考虑的事将预测你们双方在未来做出的决定。你们两人必须对此达成绝对一致，并能说出原因以及为何它对个人和双方都有利。换句话说，为什么对"我和你"来说这是件好事？如果你无法阐明你优先考虑的事，无法和对方达成一致，也无法解释这件事对你和伴侣的好处，那么你们就没有建立稳固的关系。明白了吗？

我建议你优先考虑你们的关系。伴侣如果将关系稳固置于首位，就上升到了更高层次。你们双方为关系服务，就能从这段关系中获得安全、保障和绝对信任，并从中受益。在摆脱了恐惧、怀疑、不信任和不安全感之后，你们可以在关系中得到安慰、抚慰，感到兴奋、安心，也可以获得自我提升以及生存和繁荣所需的其他任何东西。这一切都取决于你们共同觉得安全、有保障。如果你们有孩子，他们的成长仰赖你们双方保持相爱，照顾彼此，为他们示范亲密关系如何运转。他们从你们身上看到的、学到的将决定他们今后如何处理自己的关系。

练习

你们对关系的共同愿景是什么

建立共同愿景是你们进行协同、打造稳固关系的第一步，极为重要。建立共同愿景的一个途径是和伴侣坐下来，畅谈你们各自对幸福婚姻和长期伴侣关系的构想。各自列出你们认为这段关系应遵守的指导原则。不管你列的是什么，你必须愿意为伴侣做到你列出的事。杜绝双重标准，除非双方都同意双重标准。例如，你希望伴侣始终彬彬有礼，为你开门，并且你们已经同意，只有你们其中一人需要这么做。

你可以从下列问题入手，如有可能，给出具体细节。

* 我们优先考虑的是什么？是关系吗？还是工作？或者是保持独立？
* 我们如何应对对方的痛苦？
* 我们如何解决分歧？
* 我们如何做出重要决策？
* 我们如何让对方做我们可能不想做的事？
* 我们如何应对可能引起冲突或带来干扰的人、事或活动？想想前任、父母、朋友、工作、爱好、药物、酒精等。
* 我们如何分担劳动，如做家务、购物、支付账单、照料孩子等？
* 我们如何为浪漫爱情保鲜？
* 我们如何处理冲突？
* 如果伤害了对方，我们要如何修复关系、道歉或弥补？应该花多长时间修复关系损伤？
* 我们如何在私人和公共场合互相保护？

共同的管理原则示例

- 我们把我们的关系放在首位。

- 我们互相支持。

- 我们在公共和私人场合都互相保护。

- 如果我们其中一人陷入困境，我们就放下手头的事情，照顾对方。

建立共同的管理原则极为重要，这一点再怎么强调也不为过。把它们当成你们的"摩西十诫"，奉为圭臬。这些原则必须简明扼要（想想"不可杀人"），并得到双方的充分理解，双方都要将其接受为自己根深蒂固的个人信念。如果你没有或无法在所有情况下履行你方约定，那么这些指导原则并不真实存在。认真对待此事，并确保你的原则与对方保持一致。

关系是否稳固

举几个不稳固的关系的例子。夏洛特和奥斯汀正计划结婚。奥斯汀没有向夏洛特表达爱的习惯，只在求婚时说过爱她。夏洛特认为这只是"男人的问题"，不过尽管夏洛特爱他，也享受他们的伴侣关系，但她仍对奥斯汀是否和她一样忠于这段关系感到有些担心。除了不确定奥斯汀对自己的感受，夏洛特还对他们的未来有一种不安全感。

乔希回到家中，想和阿里娅分享他的一天。一年前结婚时，他们说过要通过这种方式分享自己的生活。但乔希现在发现，他到家时阿里娅总是在外面跑步。阿里娅说，她需要依靠跑步来放松自己。有时他们会在阿里娅回家后进行分享，但这种情况并不多。乔希觉得自己孤立无援，好像仍在独自生活一样。

再举一例。泰勒在一次和杰克出门会友时，希望杰克即使在和兄弟聊天时也搂着她。而杰克嘲笑她又吃了一份甜点，还猜她会穿不上婚纱。泰勒说："嘿，别这样。"杰克向她保证这都是在开玩笑，但泰勒很尴尬。她觉得难过，没有安全感，不知道能否相信杰克会在公共场合保护自己。

从正确的起点出发

如果你们把你们两人看作一支生存团队，就更有可能做出正确的判断，分清事情的轻重缓急。对生存团队来说，什么是最重要的呢？你们的生存团队是奢侈品还是必需品？首先，得保证双方能够一直共同生存。如果你们中任何一方觉得不安全、没有保障或缺乏信任，繁荣发展就无从说起。对于人类这种灵长类动物来说尤为如此。我们知道，如果人类依恋系统处于不安全状态，个人发展和共同发展都会停滞不前，就像在婴儿期和童年期一样。如果你们在主要依恋关系中获得的安全感和保障感都打了折扣，你们就无法茁壮成长，也就是说，你们无法向更高的复杂性发展，无法成为具有创造力、生产力和高级社会性的人类。

　　两人结婚的最重要原因是成为一支蓬勃发展的生存团队。为了结婚而结婚就好比在流沙中建一座花园。随着时间的流逝，激情、共同的兴趣爱好和生孩子的愿望等其他方面将变得不那么重要。如果你们希望一段关系最终能够经受住时间的考验，那么在结婚时你们得知道，结婚的首要原因是建立安全稳固、蓬勃发展的伴侣关系。

第 2 章

你们的"伴侣泡泡"支持系统有多强大

形成伴侣泡泡，并通过伴侣泡泡共同应对世界，是关系稳固的一个标志，因此也是成功婚姻的一个先决条件。伴侣泡泡是一种自生能源系统，可以提供资源，保护伴侣。2008 年左右，我和玛丽昂·所罗门共同创造了"伴侣泡泡"这个词，我在《你的 Ta 在想什么：如何了解伴侣的大脑和依恋风格，化解冲突，稳定感情》[1]（*Wired for Love: How Understanding Your Partner's Brain and Attachment Style Can Help You Defuse Conflict and Build a Secure Relationship*）一书中对其做了详细介绍。想象伴侣泡泡是一个玻璃育养箱，拥有自己的生态系统，可以为居住者提供养料。伴侣双方都是箱内这套生态系统的管理员，守护着大气、水、空气和万物生长。

伴侣泡泡是休息、放松和复原的地方，是完全做自己的地方。在这里，你们可以拥有活力，得到鼓励，完全信任伴侣，也能够获得理解、同情和宽恕。听起来是不是过于理想化、难以企及？我不那么悲观。在强大的伴侣泡泡内，伴侣双方可以摆脱存在的恐惧和担忧，以及各种对关系的存在的威胁。他们知道怀疑和担忧可能造成混乱。如果"玩火",他们会浪费大量的内部资源,而他们本可以利用这些资源进行自我提升,发挥创造力,提高生产力。

我们知道,人类这种灵长类动物,如果与"主要"照料者之间的依恋不安全,将承受巨大的痛苦。维持这种不安全有何意义?意义之一可能是将其作为让伴侣做出某种服从的手段。但这是危险的武器,使用时会撼动每位伴侣脚下的土地。为了获得永久承诺而进行的试探必须在某个时刻终止。如果我们抓住机会迈进未知世界,就能释放资源,以进行其他重要的决策和活动。伴侣们如果拥有伴侣泡泡,就能理解这些,不再犹豫、忧虑或试探。继续!

在伴侣泡泡中,你们接受对方本来的样子,并把对方当成有生以来最好的事物。为何如此?因为日常生活中总有明枪暗箭,你们的自尊也随之发生变化。想象一下,如果在父母家,你的父母总是对你感到失望,一脸冷漠或鄙夷,你的自尊会怎样呢?你还想待在这样的家中吗?这么做只会伤害自己。所以,既然你选择了对你而言最重要的人,为什么还要贬低对方呢?激励伴侣,他们才能表现得更好。稳固的关系意味着你们双方都将自己的全部身家和所有赌注投给了对方。

在继续之前,我们需要先进行一个重要区分。在我和特蕾西的伴侣泡泡中,我们特别留心怎么对待对方。我们会互相挑剔吗?肯定啊。我们有时候也希望对方做点别的事情吗?当然了。但我们都懂,心里想的和表面做的不一样。如果我把鸡零狗碎的想法和我作为伴侣的责任混为一谈,没有一直敬她重她,我们就不可能建立稳固的关系。如果我向特蕾西坦诚内心的所有起伏跌宕，我就是在破坏我们的伴侣泡泡。让特蕾西了解我的思维方式，和让她为我每个一闪而过的消极想法负责，是不一样的。

我在诊所里见到过太多此类错误。伴侣一方总是分不清内心想法和表面功夫，把心里的挑剔、犹豫、焦虑、生气或嫌弃等表露出来，纷繁芜杂的心绪会对伴侣泡泡造成极大影响。我认为，这是不成熟的重要标志，也是单人心理系统的明确标志。请记住，稳固的关系是双人心理系统。如果其中一人总是让伴侣代为管理自己的内心冲突，他们就没有形成伴侣泡泡。伴侣泡泡是关于"我们"的，我们是这个生态系统的守护者。如果其中一人污染了环境，我们两个人都要承受痛苦。

那么，你们的泡泡到底有多强大？一起来探讨以下问题。

你们知道应该怎样协同吗

一起做事，特别是做你们俩都喜欢的事，能够增强你们的伴侣泡泡。我和特蕾西曾去攀岩（仅室内），发现这是一项了不起的情侣活动。接受《男士健康》(*Men's Health*) 杂志的采访时，我提到了攀岩的合作性质，这项运动鼓励伴侣双方进行协同合作。一家好的攀岩馆往往满是情侣，尤其是在晚上。也难怪，馆内音乐炸裂，伴侣们的关注点都在对方身上，其中一人攀岩的时候，另一人以绳索固定，随时准备拉住掉落的伴侣，以免对方摔到地上（甚至更糟）。这需要做到专注和信任。户外攀岩与应对现实生活中的关系问题类似，风险更高，情况更加复杂多变。伴侣们互相交流时必须多管齐下，灵活应变。他们命悬于此，必须准备应对所有可预见的问题。如果你能想象需要做些什么——协同、合作、沟通，那么你就能够用攀岩类比强大的伴侣泡泡中的稳固关系。

第 1 章已经提到，在稳固的关系中，伴侣双方是互相协同与合作的。我判断一对伴侣是否协同的途径之一，是像到他们家做客一样，让他们讲故事，聊聊最近的假期，或他们如何相遇等话题。我通常会找一个他们之间存在分歧的话题，看他们如何完成这项任务——两个人怎样共同讲述一个故事。不协同的伴侣会打断彼此，互相纠正，会在对方说话的时候翻白眼、插嘴，说些"我有不同的话要说"之类的话，或者通过其他言语或非言语信息暗示他们有不同版本的故事。到了某个时候，我会说："哎呀！我开始觉得混乱了。请从头说起吧。"

这对伴侣早晚得在讲故事时看着对方。这就是我想要的——眼神交流。他们在一起讲故事时，必须注视着对方，才能正确理解对方讲的故事。这项练习的目的不是假装进行眼神交流，给客人留下印象，而是让他们在讲故事时统一口径，真挚地看着对方，听对方说。一般情况下，一对伴侣只有在向别人征求意见时才会收到关于两人关系的反馈。即使收到反馈，他们实际上仍可能得不到全部真相。而在我的办公室，伴侣们可以观看他们讲故事时的录像。播放视频能为伴侣们带来强烈的震撼，看着或听着自己在现实生活中与伴侣笨拙的交流，常常让人感觉像在被打耳光。

　　判断伴侣是否协同的另一种途径是观察他们在治疗期间的说话方式。他们是关注这段关系，还是只关注个人需求？只关注个人需求的伴侣相互之间是不协同的。他们只是为了自己的利益而表明态度。我想再次强调关系的重要性。伴侣们要么处于合作状态，并且先在关系上进行合作，再就其他问题进行合作，要么就处于不合作状态。

　　举一个协同与合作默契的例子。艾达和菲利普很早就默认双方应各尽所能，他们的技能点恰好相当互补。艾达擅长组织工作，而菲利普擅长把人聚到一起。双方都不懂财务，于是他们把这项工作外包给一位理财经理兼会计。他们喜欢玩、旅游、音乐和徒步。艾达负责大部分计划，每件事她都知会菲利普，菲利普要么让她直接执行计划，要么提出其他建议。如果菲利普过后抱怨，艾达只会说，他之前已经批准了。艾达不是那种常跟人保持联系的人，所以菲利普负责计划晚上外出还是在家招待客人。并且像艾达对他做的一样，他也会让艾达过目并同意邀请名单。因为他们自然地过渡到自己的专业领域和舒适区，所以双方都很少抱怨。

　　再举一个协同与合作欠佳的例子。妮基和尤金的工作都比较辛苦。他们住在一起，妮基抱怨尤金回家后一直在电视机前耗着。她说："他认为我应该包揽所有烹饪和清洁工作。我也有工作。我不希望以后的生活还是如此。"

　　尤金反驳说："好吧，我知道这看上去不公平，但家里大部分钱是我赚的，大部分账单也是我付的。妮基当然也赚钱，但只够她的基本开销。既然我赚了大部分钱，那么我想我也应该免除大部分家务。"

尽管尤金提出的按收入比例分配家务的方式无可厚非，但也许除了室友，任何人听了都不会觉得这是协同。而且妮基不是室友。这也传递了单人系统的思维模式，就像"当国王很好"这句话一样。现在，如果尤金和妮基达成协议，按收入分配家务，那也许行得通。我不认为这是个好办法，但稳固的关系不取决于我认为公平公正是怎样的，而取决于伴侣双方认为公平公正是怎样的。

尤金和妮基的问题在于他们对协同的态度。如果尤金想要通力合作，他只需从电视机前站起来帮助妮基；如果妮基希望进行协同，她可以关掉电视，让尤金帮她。如果他不帮，还是不愿合作的态度，那么妮基得跟他一起坐下来，谈谈这段关系的存续。

斤斤计较谁什么时候做了什么，是伴侣之间缺乏协同的另一种表现方式。伴侣如果不太相信甚至完全不相信公平，就会在任务、家务和金钱方面变得斤斤计较。如果人们一直盯着谁做了什么、得到了什么又失去了什么，那么任何关系都将变得紧张，更何况是亲密同盟。如果这段关系确实有过不公平的过往，那么这种态度更能让人理解。尽管如此，要想让这段关系获得成功，必须停止斤斤计较。稳固的关系应该让人获得更多资源，而不是占用资源。如果你真的不信任和你在一起的人，那么为什么和对方在一起呢？如果那个人经年累月都在利用不平等的关系，那就开除他！话说回来，你一直在做什么呢？容忍那种行为吗？要记住，伴侣双方中有其一，就有其另一。没有天使，也没有恶魔。都是同谋，好吗？

公平问题

我见过很多中老年夫妻"银发离婚",妻子永远离开了丈夫,也不再发展新的亲密关系。这些女性已经受够了。彻底结束了。长期的不平等关系摧毁了她们对亲密关系的任何念想。说到这儿,我们至少应该谈一谈婚姻关系中男女性的角色变化。每种关系中确实都需要有与责任分工有关的角色分配,但在现代婚姻关系中,数千年历史赋予男女性的角色分配似乎是一个问题。而且这个问题与协同问题密切相关。如果任何一方在主观上经历了太多不公平,伴侣双方终将渐行渐远。不论好坏,任何行为都有报应。如果伴侣因缺乏合作与协同而累积了太多不公平,就准备好为此付出代价吧。

练习

合作叙事

下次你们和另一对伴侣外出用餐时,或者和朋友或陌生人在公共场合时,注意你们是怎样一起讲故事的。你们讲故事的口径一致吗?讲故事的时候会互相商量吗?会希望对方给些提示或接过话茬吗?

试着一起讲故事,讲讲涉及你们二人之间冲突的故事。例如,可以讲讲你们上次去度假的故事。你们能在讲故事时,不让任何一方觉得尴尬,不显得自己不好相处,并不让客人感到不适吗?你们能在讲述任何故事时,都不否定对方吗?这项技能值得一学。合作叙事促使你们双方在考虑朋友和同伴感受的同时,能够互相合作。它还能促使你们共同对往事进行修饰，帮助你们共同守护这段过往。

你们知道应该怎样共同参加活动吗

如果一对伴侣以不同的方式共同参加一项活动（例如参加聚会），他们通常选择与对方保持距离，单独进行活动，因为他们无法作为一对伴侣共同应对这些局面。关系稳固的伴侣亲密无间，而不会回避或疏远对方。

鲍勃和泰德每次一起去参加聚会都会吵架。实际上，他们都是在聚会结束后才吵架。鲍勃比较害羞，而泰德很外向。他们一起参加社交活动时，泰德往往抛下鲍勃，然后抱怨鲍勃在这些场合不与其他人交谈。鲍勃在聚会上独自一人待着，而泰德认为鲍勃这样很引人注目，让他尴尬。鲍勃在考虑以后遇到社交活动时就待在家里。这种做法是错的。

有些场合经常出现问题。我的同事艾莉森·豪（Allison Howe）提出了 PaPeR——预测、计划、修复（predict，plan，repair），帮助大家记住应该如何应对这些情况。对于鲍勃和泰德来说，预测和计划阶段得刚好在参加聚会之前进行。如果早于这个时间，他们就有可能控制不住自己的行为，从而陷入麻烦。让我们先看一种错误的做法。

鲍勃：[聚会结束后]下次我们外出时，我希望你多关注我，问问我怎么样了，时不时和我进行眼神交流。咱们是一对，记住了吗？

泰德：好的。

这个策略有什么问题？泰德永远记不住它。就像鲍勃凭本能行事一样，泰德也会凭本能行事。这种准备或者计划必然会给他俩带来麻烦。所以，让我们选择一种正确的做法，好吗？

[鲍勃和泰德把车停在举办聚会的房子前，开始进行预测和计划。]

鲍勃：进屋之前，我们先想一个计划。我知道你喜欢参加社交活动，我也能接受这一点。但是我希望你能和我待一会儿，拉着我的手，把我介绍给其他人。咱们约好通过眼神交流来了解对方的情况。可以吗？

泰德：当然可以。我很乐于这么做。

鲍勃：谢谢你。还有，我们也商量好什么时候离开。如果时间到了我还想待着，那没问题。但如果我真的想走，我希望你能尊重我的想法。我会去找你，悄悄告诉你。好吗？

泰德：好的。那就定晚上十点，反正我还得早起呢，怎么样？

鲍勃：行。不过答应我，如果我十点想走，你不会为难我。

泰德：不会的。我答应你。说到这，如果你看到我站在那儿和吉姆说话，跟我确认情况。他真的很难甩掉。你可以过来找我说话，比如可以说："不好意思，泰德暂时借我一会儿。"

鲍勃：当然！我很乐意。

他们应用 PaPeR 之后怎么样了？他们不仅双双成功参加了聚会，而且在聚会结束之后和第二天都没有吵架。在整个过程中他们没有抱怨已发生的事，而是关注努力做好当下的事情。那么修复的部分又如何呢？这是整个过程的最后一步。泰德并没有像鲍勃所期待的那样，经常通过视线和他交流情况。泰德知道这一点，在回家的路上向鲍勃道歉。

泰德： 我知道在聚会上我和你的眼神交流不够。真的很抱歉，对此我还完全是个新手。

鲍勃： 谢谢你这么说。我真的很感激。

泰德快速和鲍勃修复了关系，因此避免了不少麻烦。如果鲍勃对于缺少眼神交流感到难过，泰德就要抢先一步修复关系。如果鲍勃没有生气，泰德通过表示自己意识到了问题，也能给自己加不少分。

像鲍勃和泰德一样，我们都有聚会要参加，有职责要履行。除了履行职责，还要找到你俩都喜欢并且愿意花时间共同完成的事情。不一定要挑战危险项目，也不一定要花很多钱，才能增进你们的关系。你们可以一起上课、在花园干活，或者合作完成一个项目。慢慢地，你们就能拥有大量美好而难忘的回忆，这些回忆将增强你们的伴侣泡泡。

你们是否对自己的难搞程度负责

是的，所有人都很烦人且难搞，而且难搞的这部分最有可能在恋爱关系中表现出来。但是，当处于稳固关系中的伴侣试着建立健康的伴侣泡泡时，尽量变得好相处很重要。你们组成的是双人心理系统，因而无谓的难搞只会反弹给你自己。让我们看个例子。

詹姆斯有时会生闷气，而且很难从低落的情绪中走出来。玛拉知道，詹姆斯有时候只是控制不住自己，于是提醒他说："好了吧，别伤春悲秋了。我们一会儿要出门。换一种态度，亲爱的。"

詹姆斯知道自己经常思虑过度，所以回应了玛拉的提醒。他可能会在心里抱怨自己为什么闷闷不乐，但他不会表现出来，特别是在收到玛拉的提醒之后。同样，玛拉有时候会用一种霸道的语气说话。她意识不到这一点，因为这是她不自觉的行为，往往在讨论业务或政治问题时才出现。玛拉承认她的语气可能会给别人造成困扰，所以詹姆斯会轻轻提醒她，特别是在公共场合，会用手碰一碰玛拉的腿，让她平静下来。玛拉收到提醒，不会反抗、辩解或者为难詹姆斯。

你有多难搞？你会做一些惹恼别人的事情吗？会有一意孤行的时候吗？会有拒绝妥协的领域吗？你吵架的时候讲究公平吗？会在伴侣需要说话的时候闭嘴吗？还是会一直说话，不让伴侣插嘴呢？你会利用眼泪、威胁或耍性子来达到目的吗？会特别不近人情吗？会乱开玩笑吗？会怀恨在心吗？会轻易妥协吗？

你可以对自己的恼人行为对关系的影响心怀坦诚，也可以学着在剑拔弩张之前踩下刹车，从而保证你们的伴侣泡泡完好无损。

（练习）

你有多难搞

思考你在什么情况下可能变得难搞，写下来。让你的伴侣也这么做。写完之后，凑到一块儿分享你们的纸条，然后进行讨论。再说一遍，要诚实。不要把向你和伴侣展示真实的自己和赞美自己混为一谈。这里有一些伪自我批评的例子。

- "我太在意别人了。"
- "我付出太多了。"
- "我太为别人着想，不考虑自己。"
- "我不让别人为我做事。"
- "我的情感太过丰富。"

没有什么比用赞美之词进行自我批评更让人讨厌的了。听起来他们就像是在自夸。更糟糕的是，他们看上去还很无辜，而且难搞。每个人都很难搞！即使随和的人也常常回避冲突或是消极攻击。所以来吧！跳进泥坑来找点乐子吧！

思考以下问题。

- 你会生闷气吗？
- 你会发脾气吗？
- 你会拒绝接受别人说"不"吗？
- 你难以放手吗？
- 你很固执吗？

- 你过于骄傲吗？

- 你一定得是对的吗？

- 你会不达目的誓不罢休吗？

- 你会记仇吗？

- 你很难走出某种情绪吗？

- 你会回避冲突吗？

- 你会挑起冲突吗？

- 你会把自己的责任推给别人吗？

- 你经常出现消极情绪、经常抱怨吗？

这只是一些基本问题。在制作并且分享清单之后，你们可以讨论应该怎样积极主动地调整行为，使之不会危及你们的伴侣泡泡。随着你们的关系运行得越来越稳固，你们可以商量在特定场合怎样发出或接收提醒，从而避免或减轻困扰。

你们是否承诺一直做男女朋友

如果你们打算结为夫妻，请记住，你们必须继续做男女朋友。如果你们还打算更进一步，为人父母，那么你们一定要一直互为男女朋友。为什么？"夫妻"和"父母"这些角色不仅背负着一整套相应的包袱，而且不能代表最初吸引你们走到一起的那股力量。所以，学学那些最成功的伴侣吧，就算他们已经七老八十了，还永远像男女朋友一样。他们找到了秘诀！总有一些特别的东西让一段关系开始并且保鲜。

要浪漫，要深情对望，要去约会、去冒险，去做任何会让爱意鲜活起来、汹涌起来的事情。

你们对彼此充满信心还是如履薄冰

伴侣双方如果处于一段稳固的关系中，就不会害怕对方。在对方身边，他们不会感到害怕、担忧或惊恐，也不需要如履薄冰。如果你的伴侣和你相处时看上去很谨慎，这可能说明他不能自在地展示真实的自己，也不能安然地分享自己好的、坏的甚至丑的一面。通常这表明你的伴侣在某种程度上受到了威胁，而你至少应该对潜在的危险有所警惕。请记住，这段关系是由你们双方来决定的。如果任何一方认为这段关系无法包容你们做真实的自己，那么你们得承认这是事实。这段关系将充斥着恐惧和羞愧，也将有秘密。对自我的回避也说明你们没有完全接受对方，而完全接受对于稳固的关系至关重要。总体来说，如果一段关系十分脆弱，无法容忍彼此的凌乱无序，包括轻微失误和低级错误，那么这段关系最终会破裂。

重要提醒

我在第 1 章提到过，必须区分大小威胁。如果你的伴侣有暴力倾向或虐待行为，那么你面临着大的威胁。请马上离开。立刻寻求帮助，直到你安全为止，再打开这本书。

　　如履薄冰还有另外一个问题。如果你在分享想法时犹豫不决，好像在害怕会发生什么，你就更有可能让伴侣误解你的意思。你说话时结结巴巴，而你的伴侣忙着填补空缺。你真的想让你的伴侣自行"脑补"吗？你将在下一章了解到，我们的大脑趋向于负面思考。所以，直接一点，简短一点，想说什么，就说什么，不要添油加醋或拐弯抹角。不直入正题可能会让你们陷入争吵，特别是在你俩都处于困境的时候。

你们是否有共同的幽默感

　　幽默是出色的"调节器"。如果没有幽默感，伴侣系统可能变得死板，过于严肃、脆弱。另外，如果你们任何一方无法忍受对方的幽默感，请重新考虑你们的婚姻。从长远看，这段婚姻不会幸福。你可能想象得到，如果伴侣有共同的幽默感，可以一起谈笑风生，就能够比别人更好地迎接生活中的惊涛骇浪。不过，重要的不仅是有幽默感，关键在于——你的伴侣觉得你有趣吗？如果不觉得，那么你也可能根本没有幽默感。

　　有许多关于有（或没有）共同幽默感的伴侣的研究。其中一项研究发现，如果男性觉得女性伴侣有趣，那么他们的关系会比相反的情况更稳定。[2]这并不意味着男性不需要有幽默感，可能只是因为男性往往更加紧张一些[⊖]，如果女性伴侣能够把他们逗笑，双方就会相处得更为融洽。

有些人把人逗笑（生产者），有些人本身爱笑（欣赏者），而有些人既是生产者又是欣赏者。你是哪一种？你的伴侣呢？当然，如果你是生产者，而你的伴侣却不欣赏你的幽默，你一定会感到沮丧。对于一些人来说，无法得到欣赏可能是关系中的大问题。

另一个问题是对特定幽默类型的敏感性。有些人喜欢黑色幽默（dark humor）、充满怨恨的幽默（gallows humor）、愚蠢的幽默（silly humor）或令人反感的幽默（sick humor）。如果你的伴侣觉得你的幽默有攻击性、侮辱性或令人反感，那就有问题了。绝对不要把你的伴侣当成笑柄。这会引起情感上的反应，许多伴侣会认为这是一种威胁。即使你的伴侣对这种诋毁淡然处之，久而久之，这种幽默也会削弱你们的伴侣泡泡。如果你的伴侣的幽默有攻击性或者会伤人，那么你们该坐下来讨论这个问题了。艾伦和他的未婚妻伊丽莎白进行过如下交谈。

艾伦：我家里每个人都这么开玩笑。别这么敏感。

⊖　与女性相比，男性的神经系统更紧张一些，更容易紧张，紧张的时间也更长。这背后似乎有着进化意义。男性为了保护部落免受捕食者的侵害，需要快速对声音、动作或攻击性行为做出反应，从而击退人侵者或攻击者。他们还必须做好捕食者可能会返回的准备。说到这里，这也是男性的声音更为低沉的原因。他们大声说话更有可能阻止人侵者的靠近，这种声音也是为了能够吓退人侵者。女性的声音更尖锐，像警报声一样，能够让家庭成员聚在一起以确保安全。

伊丽莎白：　[异常坚定] 我觉得这种幽默有攻击性。我不可能对
此麻木不仁。这种玩笑令人憎恶，充斥着种族歧视和
对女性的歧视。

艾伦：这就是我。我不可能为了迎合你的品味而突然改变我的幽
默感。而且，我没有在嘲笑你。放轻松，好吗？

如果这段对话让你觉得很耳熟，那你们可能就有些麻烦了。我们
能改变艾伦吗？我觉得不太可能。我们能改变伊丽莎白吗？我觉得也
不太可能。我经常在诊所里见到伴侣双方对于有趣和无趣有着迥然不
同的认知，但我从没见过任何一方改变自己的立场。

你们能把对方逗笑吗

试着把你的伴侣逗笑。做个鬼脸，讲个笑话，或者说些你们都懂
的俏皮话。有些伴侣擅长打闹式幽默，他们互戳对方，有时讽刺对方，
有时互相拌嘴，因为他们觉得这些很好玩。在稳固的关系中，伴侣知
道打闹的时候如何不让局面失控。特蕾西和我有时候还朝对方竖中指，
我们都能接受，而且都觉得好笑。我们用这种方式表达我们的不满，
并避免太过严肃。我们知道适可而止，知道能做什么、不能做什么。
这对你们来说也很重要。

有关幽默的注意事项

- 要尝试用不同的方式逗伴侣发笑。

- 要发掘伴侣的幽默感。他们觉得什么有趣?

- 要找出伴侣肯定觉得无趣的事情。

- 要找出什么可能冒犯伴侣。

- 要查明伴侣是幽默的生产者、欣赏者还是兼而有之。

- 如果伴侣觉得无趣,停止开玩笑。

- 不要开嘲笑伴侣的玩笑。

- 不要通过胳肢让伴侣发笑。

学习如何促成双赢

双人系统运作的一部分,是要理解你和伴侣有不同的观点。你也要理解,不能为了让你们双方共同行动,而让其中一方付出代价。牺牲一方是在任何团队工作中都可能出现的问题之一。要记住你的利益不总是和他人的利益保持一致,因此必须进行调整。幸运的是,相互协同的伴侣能创造出对他们都有利,而不是只对其中一人有利的结果。那么他们是怎么做到的呢?

单人定向与双人定向

正好来介绍一番单人与双人定向的概念。在单人定向模式里,伴侣一方会把个人需求放在关系的需求之前(以及伴侣的需求之前)。尽管有人认为这是独立的标志——我能做我的事情,你也能做你的事情,但这实际上是伪自治的标志。其背后的逻辑是,只要我的需求得到了满足，我将努力让你的需求也得到满足；但如果我的需求得不到满足，那是你运气不好。如果你还不清楚单人模式是否公平，请记住，当你的需求没有得到满足时，你的伴侣并不会关心。

在双人定向模式里，关系的需求居于首位，伴侣双方都不会赞成以损害对方为代价的方案。稳固的关系是双人心理系统，双方在该系统里都觉得自己受到尊重、意见能被听到并且感到安全。伴侣双方在同一条船上。在以生存为基础的伴侣关系中，双方一荣俱荣，一损俱损。共同商定的解决方案能够保护并增强伴侣泡泡。许多人在听到"共同"的概念时，会认为他们得放弃他们想要的东西，或曰"妥协"，这个词在很多语境中有着负面含义。相比"妥协"，我更喜欢"协商"这个词。在协商的时候，双方可能都需要有所付出，才能有所收获，最终享有更好的结果。

下面的例子节选自莱拉和马蒂的故事。在这个例子里，没有赢家，也没有人关心对方的需求。

莱拉：我们还没有商定去哪儿度假。我想去夏威夷，而你厌倦了夏威夷，想去意大利。

马蒂：[生气地]我偶尔得做点自己想做的事情吧？我才是挣钱养家的人。如果我想我们去意大利见见我的远方亲戚，那我们就去意大利！

莱拉：你以为我整天都在做什么，挣钱养家先生？你努力工作，而我坐在那儿吃冰淇淋吗？想想我为这个家所做的一切。我们随时都能去意大利，但我想去夏威夷休息。

让我们来看看同样的场景在关系稳固的伴侣之间会如何演绎。

莱拉： 我知道你对去夏威夷已经感到厌倦了，而且想让我去意大利见见你的亲戚。但我不想夏天去意大利，那儿热得让人难受。

马蒂： 夏威夷夏天也热啊，有什么差别？

莱拉： 我同意你的话。[听到马蒂的话笑了] 瞧，我能理解你有多想去意大利，而我又不够灵活变通。我也能理解夏威夷你已经去腻了，你想带我和孩子去一个新鲜的地方。我们可以等天气不那么热了再去意大利，并且将其中一部分旅程安排得像在夏威夷一样放松吗？

马蒂： [思考片刻] 嗯。可以，不过孩子们只有夏天才放假。

莱拉： 说得对，我想不到解决办法了。

[莱拉觉得有点答不上来。]

马蒂： 这样行吗？这趟旅行我们可以去意大利北部阿尔卑斯山附近，那里比较凉快，然后再去那不勒斯一日游，看看我的亲戚。这样，我们就只需要在热浪里待一两天了。

小贴士

拒绝一件事的时候要提出一个新的建议，这很重要。维持稳固的关系需要进行来回协商。只说"不"却不提供别的方案作为替代，对协同的关系毫无帮助。

莱拉：[思考了一会儿] 这是个好主意。不过我们得不断奔波，听起来并不轻松。

马蒂：如果你能同我和孩子们一起去那不勒斯，我会很高兴。我可以让你待在北部放松一个多星期。或者我带孩子们去南部几天，而你待在北部，怎么样？

[一片沉默随之而来。]

马蒂：我能看出来你不喜欢这些主意。

莱拉：对不起。我知道你在想办法让我满意。我们暂时搁置这个话题，让我想一会儿，好吗？

马蒂：[热情地] 当然。我们去足球训练场把孩子们接回来吧。

他们同意搁置讨论，继续聊些轻松一点的话题。虽然还没有提出双赢方案，但是由于他们过去实现过双赢，双方都没有不高兴。

那天晚些时候，莱拉提出了另一个方案。

莱拉：我们全都去那不勒斯、罗马和索伦托，怎么样？这些地方在水边，我们可以至少在每个地方待两天纯放松，也许可以在晚上凉快的时候去逛逛。

马蒂：[笑容灿烂] 你找到办法了！我们可以秋天去夏威夷，就咱俩，等孩子们回学校以后。怎么样？

[莱拉拥抱并亲吻了马蒂。]

莱拉：[看着马蒂的眼睛] 我爱你。我们总是能找到办法，我喜欢这样。

所有的伴侣都会面临类似的情况,很多人觉得难以促成双赢。我们很容易变得固执、自我、不肯让步或灰心丧气。有些伴侣可能说这么来回协商不值得。他们回避这种情况,转而考虑分开旅行。但这是懒人方案,会让双方产生距离,渐行渐远。不要期待你们会有同样的需求,或有人必须屈从。不如考虑第三种选择:协商!让结果对你们双方都有利:"我们这么做怎么样?"或者"如果我为你这么做,怎么样?"

如果你拒绝了一个建议,最好提出另一个建议,否则你将(并且应该)被视为不够合作,不愿协同。你是团队的一员。只拒绝却不提供替代方案对团队毫无帮助,让人讨厌。莱拉决定花点时间进行协商,而不是直接拒绝。如果你们俩都认为这是双人解题任务,你们就会顺利地完成这项任务。如果其中一方或者双方都把解决问题视作对方的责任,你们就不处于稳固的关系之中。

做出双赢决定

我想让你们双方就一件你们有分歧的事情做出决定。可能是某个假期的安排,也可能是你们想住在哪里,或想去哪里吃饭。现在,设置一个计时器。

规则如下:你们只有 15 分钟时间。你们必须找到双赢方案,即使只是暂时的。你们始终可以重新讨论你们达成的任何协定。这意味着你们必须避免分心、转移话题或消极回避。

你们是否借助吸引力而非诉诸恐惧、威胁、内疚或羞愧

关系稳固的伴侣喜欢借助吸引力以获取他们想要的东西。我说的吸引力，不是指外在吸引力，而是指嬉戏、引诱、说服、协商、甜言蜜语和怂恿。诉诸恐惧、威胁、内疚或羞愧只会让你们针锋相对。熟练运用吸引力，既需要发挥创造力、运用聪明才智，也需要使点心计、要点手段。这些也是伴侣之间为促成双赢而必备的技能。

伴侣关系的很大一部分涉及你们想在一起做事，而不是你们得在一起做事。你擅长让伴侣想做一件事情吗？你有多聪明？你能让你的伴侣听你的话吗？如果你曾经见过能让马、狗或猫听话的人，你就会知道他们不会使用暴力制服动物，也不会使用恐惧、威胁或其他任何强制性手段来改变动物的行为。我相信你见过有人在感到无助、无力或无能的时候会大肆宣泄，他们变得好斗、冷漠，或开始逃避。你和伴侣互相照顾，是对方的"主人"。你会成为什么样的"主人"呢？

2002 年的热门喜剧《我的盛大希腊婚礼》（*My Big Fat Greek Wedding*）里有一个场景，玛利亚（莱妮·卡赞饰）一定要她的丈夫科斯塔（迈克尔·康斯坦丁饰）做一件他之前根本想不到的事情，骗他以为这是他自己的想法。她跟她的女儿开玩笑说，虽然在家中科斯塔是头，但她是脖子，只要稍微转动，就能让科斯塔以她的方式看问题。我知道有些人可能会说这是欺诈行为，为人所不齿。但这是他们创造

关系平衡的办法，双方都是赢家。

在对待伴侣时讲究策略合理吗？当然，而且需要高超的技巧。有些人可能会说这是操纵行为。但是请这么想：每个人都在操纵。如果为另一个人带来损失，那么这种操纵应该被贬低，我绝不会提议这么做。我希望你们可以看到，学会让伴侣去做你们想让他们做的事情，将会让关系的稳固性大不一样。

召　唤

你和伴侣相隔两三米站着，例如可以站在房间两头。你们中一方是召唤者，另一方是被召唤者。面向对方，不要说话。规则如下。

- 召唤者必须让对方来找自己。
- 任何一方都不能说话。
- 召唤者可以做任何事情，但是不能过去抓对方。请记住，对方必须被召唤。
- 被召唤的伴侣只有在真正被说服的情况下才能移动，而不能是因为对召唤者有愧。不要出于同情去找对方。

注意你花了多长时间才让你的伴侣来找你。被召唤的一方移动的原因是什么？什么不起作用？召唤者受挫了吗？召唤者对伴侣有吸引力吗？召唤者是否借助了任何可能被解读为恐惧、威胁、内疚或羞愧的手段？召唤者在进行召唤时觉得自在吗？他们看上去自在吗？

现在，再练习一次。伴侣双方还是扮演同样的角色，不过这一次，召唤者必须使用不同的策略。让我们看看有多少种成功的技巧。同样，看看什么有用、什么没用，以及为什么。交换角色，再次执行此操作。

（练习）

让你的伴侣回家

这是一个有趣的练习，可以帮你了解当你想让伴侣回家的时候，你是否擅长让对方回家。不过有一些限制：你不能以任何方式利用你自己，表达"我"的意思，如"我需要你""我想要你回家"或者"我需要你在这儿"。并且你不能使用恐惧、威胁或内疚，如"孩子们出了一点状况，现在就回家""我觉得不舒服，我需要你""房子着火了""如果你不回家，我就知道你不爱我"或"马上回家，否则你会后悔的"。作为替代，你必须使用诱惑、诱饵或其他诱人的东西，让你的伴侣放下一切，立即回家。

坐在对方面前，保持眼神交流。轮流吸引对方，一次尝试一种吸引手段，这样你可以看到伴侣的脸上和眼睛里流露出来的反应。对方是否面露喜色、眼里有光？瞳孔放大了吗？你得到肯定的答复了吗？

请记住，对于无法兑现的东西，不要尝试。如果你试了，将再也得不到信任。对方的反应必须明确呈现出兴奋状态。"诱饵"不能太冗长或混乱，否则你可能会得到错误的积极或消极反应。不要尝试超过一种诱惑，否则会产生同样的问题。认真去做，如果你成功了，就尝试另一种诱惑,然后再换一种。如果你失败了,别放弃,永远别放弃,总有奏效的东西。知道如何诱惑、引诱、刺激或吸引伴侣,是一项重要技能。直接放弃,让伴侣随心所欲,做自己想做的事情,那么关系将不稳固。

交换角色,让对方试试。希望你们玩得开心。

你们是否知道什么时候不能说"不"

在一段稳固的关系里,有几件事是绝对必须要做的。错过生日、忘记纪念日的代价十分沉重。你们可以进行弥补,希望你们能够弥补。但是,有些事情是你们无论怎么努力都弥补不了的。有些错误一旦犯下,就是犯下了,永远不会被遗忘。我们来浏览一下问题清单。

伴侣生病的时候你不在场

如果你生病的时候伴侣不关心,你往往会记住那样的经历。我们生病的时候是脆弱的,如果有人安慰我们、照顾我们,我们就能感觉更好,而且能痊愈得更快。许多人不在意是否有人照顾他们,有些人甚至不喜欢被照顾,宁愿缩在床上直到恢复健康。尽管如此,这改变不了一个事实,即生病的时候与人隔绝并不会加速痊愈。伴侣生病时,我们可以通过很多种方式露面表达关心,例如过去询问怎么做能让伴侣最好过——是为其下厨、读书、准备治疗器具,还是只需要提供爱与陪伴。

伴侣住院的时候或从医生口中听到坏消息的时候你不在场

住院也是一个人脆弱的时刻，甚至因为缺少家的舒适而更加脆弱。如果你过于忙碌，无法陪着伴侣，或者你对伴侣的痛苦漠不关心，就会在伴侣心中留下不可磨灭的印象，伴侣也可能由此爆发对你疏于照顾的控诉。在依恋关系里，伴侣住院而不出现、不关心或者表现出不满，是绝对不能接受的行为，因为它直击安全与保障的核心。如果伴侣住院的时候、从医生口中听到坏消息的时候，或是经历艰苦的疗程或手术的时候你不在场，那么要你何用？这段关系的意义何在？一只圣伯纳犬都肯定更有用。

伴侣参加家人葬礼的时候你不在场

不陪伴伴侣参加密友或家人的葬礼也不好。你的伴侣可能说这没什么大不了，或者你的工作更重要，诸如此类。但是千万别听，无论如何都要去参加葬礼。如果你不去，你和伴侣之间就有可能产生裂痕，因为在对方重要的人生境遇中，你不在场。在依恋关系里，这是你需要花时间去做的事情。

伴侣举行庆祝活动的时候你不在场

依恋关系包括和伴侣共同庆祝其达到的里程碑或取得的其他成就。你得在场，缓解对方的紧张和焦虑。你没有任何理由不见证或参与伴侣的成功时刻和庆祝活动。

你是否知道你们共同的使命

在第 1 章中我提到过，稳固意味着你们的关系表现出相互依赖性，既不是单向依赖，也不是互相消耗。伴侣双方位于彼此"食物链"的顶端，但他们不是对方的一切。相互依赖意味着每位伴侣与共同的"某事"休戚与共，比如经济宽裕、生活舒适、战胜孤独、建立家庭或让彼此的生活更加美好。养育子女是相互依赖的一个显性原因，但往往并不促成相互依赖。如果伴侣双方都不能得到对方的充分照顾，他们就会将养育子女视为独立的单人活动，而不是合作事业。伴侣双方要想长期相互依存，必须有一个持续稳定的原因，即共同生存和繁荣。

练习

你们的伴侣使命宣言

史蒂芬·柯维（Stephen Covey）曾出版过一部精彩的有声书《如何设定你的家庭使命宣言》[3]（*How to Develop Your Family Mission Statement*）。他在书中描述了家庭使命宣言的重要性，称它对于建立共同的家庭观念至关重要。我把同样的观点应用于你们的伴侣使命宣言。不要草率！在你们都放松的时候进行谈话，让它成为一个特殊的时刻。彼此完全坦诚。你们应该问对方这样一些问题。

- 是什么将你们定义为伴侣？
- 作为伴侣，你们的使命是什么？你们服务的对象是什么或者谁？你们在一起的意义是什么？

- 你们能为对方做哪些你们无法花钱让人做的事情？（不要回答"爱"，因为事实上你可以花钱让人爱你。）

- 作为伴侣，你们最害怕的是什么？借助你们的回答，在你们的使命宣言中加入一条积极的原则。

- 作为伴侣，你们的目标是什么？

- 你们将成为怎样的伴侣？

- 你们的核心价值观是什么？

- 作为伴侣，你们受人艳羡吗？如果是，为什么？是名副其实，还是徒有其表？

我要进一步说明，使命宣言塑造的是我们的今天，愿景宣言则勾画出我们的明天。如果你们相信共同的价值观，你们就可以准备好迎接未来。试着写一份连孩子都能看得懂的简洁的使命宣言（见表 2-1）。这份宣言甚至可以成为你们的结婚仪式的一部分。

表 2-1　使命宣言

好的宣言	差的宣言
情感充沛	干燥晦涩
言简意赅	含糊冗长
明白易懂	过于复杂
意义深远	范围狭窄
令人难忘	容易遗忘

以下是一份不错的伴侣使命宣言。原版是一份家庭使命宣言，我进行了修改。

　　我们要成为彼此相爱、互相关心的伴侣，对我们的世界产生积极的影响。我们承诺守在彼此身边，作为团队共同努力。我们一定会关心对方、帮助对方、鼓励对方、热爱对方、忠于对方、服侍对方、享受彼此，并且永不放弃。

　　其他话题也可能威胁你们的伴侣泡泡，如第三方、吵架和性生活。针对每一项，我都专门写了一章，帮助你们对其获得更深刻的了解。不过，我们首先需要讨论一下消极的大脑，它常常引发不必要的斗争和冲突。

第 3 章

管理消极的大脑

我曾在我以前的作品中说过，我们的大脑更想要战争而不是爱，而关系的坎坷就部分源于大脑的"消极偏见"。由于我们所受的教育中缺乏有关如何管理自己的大脑的内容，我将在这里讲授这方面知识，这样你和伴侣就能知道，你们会犯错只是因为你们是人，而不是因为你们是坏人，从而能卸下负担，活得轻松一点儿。我常年为伴侣提供专业咨询，可以诚恳地说，大多数人都在尽力而为，无意制造伤害，即使常常看上去并非如此。我们都是记忆驱动的生物，无法完全控制自己的行为，会不假思索地快速采取行动和做出反应。所以有必要了解并理解大脑如何运作，我们如何储存记忆，以及我们的行为如何经常伤害到他人。很多时候，伴侣的作为或不作为根本不针对我们，也并非有意挑起冲突，却会惹恼我们。让我们一起探讨大脑的工作方式，以及其在所有伴侣都会经历的痛苦中发挥的作用。

原始区域和大使区域

为了简单起见，我将大脑分成两个区域：原始区域（primitive）和大使区域（ambassador）。原始区域和大使区域都要正常工作，才能帮助人类区分事情的真假。任何一个区域不正常工作都会误导我们。

就系统发育（和存在）时长而言，大脑中的原始区域是比大使区域更古老的结构。在我们的一生中，与大使区域相比，我们的原始区域发育较早，在婴儿期之前和期间就开始发育，并且由于神经元数量较少，需要较少的氧气和葡萄糖来执行任务（运行成本更低）。原始区域的工作快如闪电，基于记忆运作，可以以极少的能量消耗自动执行大多数功能。原始区域有时也被称为我们的自动化大脑，对于执行日常功能至关重要，能够通过面部表情、眼神、声音、手势、动作甚至姿势来识别危险、威胁、吸引力、熟悉度等。原始区域与感官运动的操作紧密相连，我们所做的事情 80%～90% 都依赖原始区域。我们的嗅觉、味觉、触觉、视觉、听觉和感受都与原始区域的识别有关。

一部分大使区域通过思考、认知和推理进行工作，但也受感知和情感的影响。一部分大使区域能预测、计划和解决问题。其他大使区域执行纠错功能，防范感知和计算错误。最后，大多数大使区域充当情绪和冲动的调节器。听起来很厉害，对吗？不过，有一个问题：大使区域运作起来要"昂贵"很多——因为要执行很多花哨的操作，所以大使区域比原始区域需要更多的氧气和葡萄糖，而且运行速度也较慢。也就是说，大使区域需要较多的时间和能量来执行任务。经历痛

苦或威胁时，大使区域没有足够的资源和时间来正常运行，纠错功能
会减弱，因为你的大脑和身体必须迅速、自动地采取行动，做出反应。
想象你站在铁轨上，一列火车飞驰而来，你真的有时间在火车撞上你
之前计算它的速度和距离吗？当然没有。火车冲向你，你就跳开了。
原始区域和大使区域差异的总结如表 3-1 所示。

表 3-1　原始区域和大使区域

原始区域	大使区域
运行成本低、快速、基于记忆、能耗低、自动化	运行成本高、慢速、基于思考、能耗高，功能包括抑制、限制、纠错、调节
基于识别发挥作用。处理一天中大部分的事情。在你不知情或未经你许可的情况下进行大部分工作	让你能进行解释。执行纠错、管理原始区域、预测、计划以及解决问题等功能

感官知觉首先进入原始区域，然后再由其他结构进行处理，提供
细节、维度、含义，并整合其他感官知觉。你的情绪状态主要受原始
区域驱动。

你可以大概想象大使区域位于大脑的上方和前方，而原始区域位
于下方和后方。请务必理解，这种说法是对一个精密复杂的系统极大
的简化。不过，我还想谈谈大脑的左半球和右半球。

我们通过身体、面部表情、声音等进行交流，既涉及大使区域，
也涉及原始区域。但是，左脑和右脑的交流方式不一样，左脑的优势
是言语和语言理解（显式），而右脑主导的是与他人的非言语（隐式）
交流。这两种表达形式常常相互矛盾，而且经常表现得截然不同："你
说你不生气，但你看上去很生气。"

大脑左半球热衷于细节处理和顺序排列，填补右脑的所有空缺，故而非常适合进行虚构（也可以叫胡编乱造）。它是一个串行处理器，一点一点地获取和使用数据，这也是它擅长逻辑和演绎思维的原因。偏向左脑思维的伴侣会通过重视逻辑、精度、演绎、理性和推理的视角看世界。

大脑右半球的功能有所不同。首先，它的发育早于左脑。其次，右脑是一个强大的处理器，可以同时接收多个信息流，比如感觉和感知，像一台并行处理器。它非常擅长一次性处理许多东西，包括大脑和身体的调节系统，压力管理，隐性的记忆、感觉和情感，以及面部识别。和左脑不一样，右脑接收的是完型，而不是细节。你可以参考巴勃罗·毕加索在系列版画《公牛》中，对一头公牛的著名解构。右脑"看到"的是公牛最基本、最不确定的形态，左脑"看到"的则是细节翔实、栩栩如生的公牛。偏向右脑思维的伴侣往往从情感和意义的视角看世界，不像左脑思维者一样计算精准。问题在于，两者没有对错，只有不同。

我们消极的大脑

我们的大脑存在消极偏见，因此，在缺少与他人积极互动的情况下，大脑总是趋于消极：不好的想法、恐惧、攻击性的想法、怪异的幻想、困扰、痴迷甚至疯狂。这就是为什么单独监禁被认为是残酷的、不同寻常的惩罚。没有受过专门训练的头脑不是什么迪士尼乐园。

1914 年，著名精神分析学家卡尔·荣格（Carl Jung）尝试探索他的无意识。他出现了暂时性精神错乱，于是后来建议其他人谨慎操作。[1] 如果不与他人进行积极的互动，我们的大脑往往会变得消极。如果不进行互动，我们只能与自己的想法做伴，这将使我们陷入极度恐惧、痴迷、焦虑的状态，或变得有攻击性。

小贴士

可以进行正念练习（特别是内观禅修）来控制和了解头脑，让自己的头脑不像一般大脑那么容易受到消极想法的侵扰。[2]

想看看这种消极偏见是如何起作用的吗？让你的朋友或恋人在你说话或表达感受的时候面无表情地看着你。很快，他们的"中立"脸在你看来就会成为消极的。你的朋友没有发送信号，也没有回应你的信号，于是你的大脑在一张缺少信号和表情的脸上进行填空，填得还挺"有才"。你是否曾注意到，害羞的人最初看上去很冷漠、傲慢、挑剔，而你在了解他们之后，才发现他们完全不是那样的。这就是你的大脑在编造。

大脑中有一些结构致力于让我们生存并摆脱危险。我们的大脑之所以比较好战也与这些结构的数量有关。我们为什么要如此关心生存和危险呢？想想你和伴侣多么容易因为误解而陷入痛苦。

神经系统调节

稳固关系的关键在于唤醒（arousal）调节。四种调节策略如表 3-2 所示。在这里，唤醒只与我们的神经系统有关。神经系统实际上由几个部分组成。首先是中枢神经系统：我们的大脑、脑干和脊髓。接着是自主神经系统——周围神经系统的一部分，影响无意识的内部器官功能，如呼吸、心跳、食欲、性功能、瞳孔扩张、排尿、消化和急性应激反应。

表 3-2　四种调节（自我照顾）策略

自动调节	从出生起	不需要他人即可实现自我刺激和自我安抚 没有人际压力 可能是解离性的，或类似于过度关注一项任务 例：转移视线、阅读、绘画、看电视、自慰、喝酒
外部调节	从出生起	有互动，但每次都单向进行 缺乏同时性（双向同时互动） 类似于依赖 过度关注自己或他人 例：婴儿被照料者抱着哄，听教育讲座，向朋友倾诉你的烦恼或听他们倾诉
互动调节 （即共同调节、 互相调节）	从出生起	双方实时互相调节 通常面对面进行眼神交流（或有肌肤接触，特别是在儿童时期） 双方协调同步 婴儿主导，照料者跟从，接着双方都既主导又跟从 例：伴侣一起跳舞、做爱、专注于有意义的谈话，以及音乐家共同演奏
自我调节	10～12 个月	唯一约束和限制性的策略：承受挫折、控制冲动、坚持社交 依靠执行功能（executive function） 例：通过控制呼吸、放松肌肉、控制发声、保持友好的眼神交流以实现对自己的唤醒管理，处于压力时进行交流的愿望和能力

自主神经系统分为两类。一类是交感神经系统，它是兴奋性的，反应快速，能调用资源，并且消耗能量。另一类是副交感神经系统，它是抑制性的，缓慢、减弱活动。交感神经系统是油门，而副交感神经系统是刹车。我使用"唤醒"一词说明这两类系统的活跃程度。高度唤醒，或兴奋过度，指的是自主神经系统的交感神经高度激活。交感情绪包括欢乐、狂喜、性高潮、情欲、极乐以及解离性的愤怒、惊骇和狂热。低度唤醒，或兴奋不足，指的是副交感神经激活，包括放松、沉思、休息、悲伤、抑郁、羞愧和解离。

当唤醒增强时，我会呼吸变快、心跳加速、血压升高，可能还会皮肤泛红、肌肉紧张、脊柱和脖子伸直、手指和脚趾蜷缩、声调增高、活动加速。当唤醒减弱时，我可能会皮肤发白、肌肉放松、肩膀前扣，再重重跌坐下来——一切都更慢了。我的呼吸心跳变慢，血压下降，声音更低沉。如果唤醒减弱得太快，我可能会恶心、头晕、耳鸣，然后昏厥。唤醒处于最佳水平时，我是放松的，也是警觉的，不会产生急性应激反应（兴奋过度），也不会晕倒（兴奋不足）。

唤醒调节和情绪的共同调节

唤醒调节不是指调节性唤起，而是指调节能量状态或从狂热到无意识的情绪状态。唤醒调节对愉悦经历（热烈的爱、平静的爱、狂喜、欢乐和极乐）和威胁性经历（仇恨、愤怒、惊骇、羞愧、抑郁和生命威胁）都至关重要。唤醒调节涉及自主神经系统和中枢神经系统的某些部分对内部和外部刺激的反应，这些部分管理趋近和退缩行为，以及战斗、逃跑、木僵和昏厥。为什么唤醒调节对于伴侣关系很重要？一旦伴侣双方开始将亲密关系视为长期关系，他们就会（无意识地）依赖对方进行神经系统调节，这就意味着要平衡彼此的能量和情绪。每一对伴侣都是独特的，有自己的系统，是不可复制的组合。这两套神经系统（记忆、自主神经系统反应性、社交 – 情绪敏锐度和大脑功能的集合）要么其乐融融，要么矛盾重重。

热烈的爱

理解唤醒有助于增进你们的关系。交感神经系统赋予你活力、兴趣和好奇心，让你能够体验热烈的爱。这是一种让人着迷的爱情体验，以分泌高浓度的多巴胺、去甲肾上腺素以及其他激素和神经递质为标志。通常，这种爱可以直接通过眼神交流和肌肤接触实现，也可以通过共同体验刺激、新鲜的事物实现，如去从未去过的地方旅行。许多伴侣很难共同创造出热烈的爱，但不管你和伴侣已在一起多久，你们都能够再现这种基本的共同状态。

进行眼神交流

产生热烈的爱的最佳途径包括：（1）近距离眼神交流（凝视），（2）共同关注一个刺激的第三方事物，如风景优美的、从未去过的地方，以增强彼此的积极感受，以及（3）转移自己的兴奋感，和伴侣分享，如在你收到好消息时。

双方面对面坐着，凝视彼此的眼睛。注意，一旦这么做，你们会感到兴奋（积极或消极），这就是唤醒在增强。除非眼神交流威胁到你或你的伴侣，否则唤醒将在几分钟之内平息。不要盯着对方，而是真的看着对方。用你的双眼描绘伴侣的双眼。你们在窥视对方的神经系统！

- 当你们凝视彼此的眼睛时，轮流说一些充满爱意的情话，包括伴侣的名字，例如"南希，我是如此爱你"或"吉姆，我为你感到骄傲"。名字对于制造爱意十分重要，因为我们的名字刻在我们最初记忆的最深处。
- 共同关注一个第三方事物，可以是令人兴奋的、新奇的、美丽的或者有趣的事物，以打造共同的积极时刻。
- 寻找能够让你个人感到兴奋的东西，并将其转移，使之能被双方共同使用。例如，在把玩新购入的物件时，与其期待你的伴侣像你一样兴奋，不如用伴侣能够体会到的方式表达你的快乐，如"我真幸运，我的生命里有你"。

平静、有爱、松弛的状态

更柔和、更稳定的爱的体验称为平静的爱。这种唤醒状态既是平静的，也是警觉的，与大脑和身体中大量的 5- 羟色胺有关。平静的爱很重要，这是一种绝对安全、安心和满意的持续状态（存在于所有稳固的关系之中）。平静的爱与感恩、幸福和知足紧密相关。许多伴侣无法共同打造这种状态，但你和伴侣可以学着去实现。能够制造平静、有爱、松弛又带着警觉的状态，就能获得安全感和幸福感。

共同管理痛苦

必须快速有效地共同管理痛苦。痛苦如果过于强烈或持久（包括反复），将成为长时记忆。威胁感会增强、累积，并最终改变你和伴侣的生理机能。如果这一过程得不到干预，就会自行延续，并威胁或摧毁亲密关系的安全与保障系统。听起来糟透了，我知道。对于你们两人来说，早处理而不是晚处理十分重要。如果你大多时候都身陷痛苦之中，那么你累积的坏情绪会消解好情绪。久而久之，每次看到对方或听到对方说话时，你们的生理机能都会朝着应激反应的方向发展。

如果你在某些方面伤害了伴侣，伴侣可能觉得伤心、生气、害怕、羞耻，也可能五味杂陈。如果你随后对伴侣的感受漠然视之、不理不睬，或由于其他原因未能纠正错误、不公或误解，你的伴侣将开始感到威胁。如果伴侣没有及时从抑郁或愤怒中恢复，或反过来以同样的方式伤害你，那么你也将感到威胁。威胁不仅仅指身体威胁，它可能是一个危险的词（丑陋）、一句话（"我不能再这么做了"）、一张脸（抬起下巴及轻蔑的表情）、一个声音（调高音调，或表达不耐烦）、一个手势或动作（指指点点，交叠双臂），或一个简单的行为（转身，表示无视或拒绝）。威胁既涉及大脑也涉及身体，是一个心理生物学概念（请参阅第 9 章）。

你们的过往参与其中

威胁的体验是高度主观并且基于记忆的。在开始指责伴侣行为恶劣之前，请记住你可能在伴侣眼中也差不多，而且你的伴侣做出那样的行为很可能没有恶意。如果你确定伴侣是有意、故意、主动以威胁的方式行事，那么马上结束这段关系。但是，如果你和伴侣像这颗星球上的绝大多数人一样，那么你们不是在故意威胁对方。尽管如此，请务必记住，如果你或者伴侣深受过往遗留的创伤或损失之苦，威胁的体验可能更强烈、更持久，因为有更多线索会提醒你们注意可能的威胁，让你们确信危险是真实的。如果你和伴侣还在创伤或损失中受煎熬，请考虑找从事伴侣关系和创伤治疗的专业人士进行治疗。

如何知道你或者伴侣是否有重大创伤或损失有待解决？答案是微妙的。许多人都背负着过往遗留的一些经历。大部分情况下，这些经历都不会造成什么问题，但它如果突然冒出来，就可能会吓到你们双方。我们都经历过痛苦或损失，当时没有得到很多支持，但那些经历不会改变我们的大脑，使我们以为到处都是危险。然而，我们中有一些人在童年早期遭受了严重、持续的虐待和忽视，也从未有过矫正性的经历来帮助我们消化和整合那些经历（参阅第 5 章）。像所有生物一样，为了生存，我们要适应环境。但是，这些适应可能表现为偏执，导致急发的兴奋过度或兴奋不足、痛苦恢复不良、频繁的解离发作、面对新情况的极度恐惧反应、持续性警觉、频繁的崩溃发作、严重的定向障碍发作、对触碰或眼神交流的恐惧反应、对伴侣靠近或退缩的恐惧反应、现实感丧失以及去人格化。

请不要根据我所提供的信息来诊断自己或伴侣。如果你确实怀疑自己或伴侣有创伤，请寻求专业支持。如今，许多疗法能够帮助人们治愈尘封已久的创伤，不管它已尘封多久。

人际关系压力

顾名思义，人际关系压力指我们在与他人（特别是对我们最重要的人）打交道时遇到并承受的压力。有些人比其他人体验到更严重、更持久的人际压力，这很大程度上是由于童年的负面经历，在那个时期遭到某种程度的虐待或忽视。亲密关系是世界上最困难的关系，这是有原因的。首先，亲密关系让人回想起最早的关系，这些关系承载着关于依赖的积极或消极的深层记忆。其次，人们对亲密关系的期待与对其他任何关系（包括亲子关系）的期待完全不同。

请开始关注你和你的伴侣如何处理痛苦。在评估你们双方的共同调节能力时，注意你进行观察的时机。是在你们双方心情愉快、充满爱意的时刻吗？如果是这样，你的评估结果可能受到影响，因为你的状态会影响你的记忆。同样，如果你在吵架过程中进行观察，你的评估也可能受关于糟糕经历的记忆影响。

现在，你们已经知道了大脑的消极偏见会如何影响你们和你们的关系，特别是在陷入痛苦的时候。其他因素同样可能引起误解，了解这些因素也很重要。在下一章中，我们将介绍记忆、感知与交流可能出现怎样严重的问题并引起冲突和误解，特别是在你最重要的关系中。

第 4 章

关系冲突的三个领域：记忆、感知与交流

关系冲突主要产生于三个领域，我称它们为"麻烦三兄弟"——记忆、感知与交流。它们能离间一对伴侣，破坏伴侣泡泡。这三兄弟通常是伴侣之间误解与威胁升级的关键原因。那么，我们怎样才能训练自己的记忆、感知和交流，不让其中的问题影响本可以多姿多彩、使人快乐满足的婚姻生活？先从了解基本知识开始吧。

研究早就提醒我们，记忆并不可靠，而且我们大多数人都不了解记忆的工作方式。我们意识不到，记忆会随着我们当下心情的变化而发生改变，因此具有误导性。感知则是另一个容易出现混乱的领域，除非我们能了解感知如何经常受心情和记忆影响而改变。此外，信不信由你，言语交流几乎总是糟糕透顶。我们大多数时候都在误解对方。如果我们的话语与我们的面部表情和肢体语言互相冲突，情况就更复杂了。

本章旨在帮助你了解自己和全人类，并让你和伴侣稍微松口气。如果某天你只能记住这本书中的一个内容，请一定记住这三个只属于人类的问题领域。

记忆

记忆很少是连续记录的，它不像按下摄像机的录像键。大脑不会一直处于"录像"状态，而且你捕捉信息的方式也决定了记忆在你头脑里的播放方式。你通过编造色彩、情感及其他虚构和修饰性的数据来填补信息的空白。

重要方法

状态会驱动记忆，记忆又会驱动状态，状态还会改变感知。你有了一段经历，于是通过各种感官通道（如视觉、听觉、嗅觉、味觉和触觉）及其他感受（如温度）捕捉信息。捕捉信息的方式会受你的睡眠时长影响，也会受其他因素影响，包括你当前的精神状态和情绪状态。

当我开始觉得难过时，我记得是什么让我难过。我开始注意到人们避免与我进行眼神交流，也不微笑。瞧！一个完全错误的假设变成真的了！请记住：你一直活在自己的想法里。我们都一样，也永远如此。所以，这些不"全是你的胡思乱想"，但"大多是你的胡思乱想"。

另一个问题是检索。记忆以多种方式进行编码：语言、情绪、情境、肢体（身体经验）等。你可能注意到，你捕捉到的经历成为短时记忆，不会保持很久。因此，你记录或编码这段经历的方式也决定了它会在记忆里保持多久。如果这段经历牵扯到大量情感，或者非同寻常，就有可能从短时记忆变成长时记忆。情绪，或曰心情，通过改变记忆来影响记忆。反之亦然：记忆会影响情绪和心情。我马上会解释原因。

假设你的记忆里有一段经历。它和真实经历已经有所不同，因为其中有虚构和修饰的部分。现在，当你尝试重现记忆时，你会根据当下的感受更改记忆。每次重新讲起这段记忆，你记起的内容都在改变记忆，让情况变得更加复杂。事情是这样的：我们的记忆与我们的自我意识紧密联系，这就是为什么失去记忆会影响我们的自我认知。如果有人质疑你的记忆，你会感觉他就像在质疑你是谁，这就是为什么有些伴侣愿意战斗"至死"。你一定知道就一段共同经历起争执有多容易。一旦你对记忆的工作方式有了更深刻的了解，可能就不会这么坚持认为你是对的了。

当我们生气、烦恼时（我是指真正被唤醒，如我们觉得受到威胁时），大脑中的录像按钮会停止正常工作。作为边缘系统的一部分，位于颞叶两侧的海马主要负责这个"录像"功能以及短时记忆，即基于场所、背景和顺序来记录经历。没有海马，我们就无法形成新的记忆，找不到东西，也记不住不同经历的发生顺序和背景。

录像按钮停止正常工作的情况出现在了巴尼和贝蒂身上。

巴尼：上周在弗雷德和威尔玛家，弗雷德告诉佩布斯和邦邦我不会参加圣诞派对，不过那时咱俩其实还没谈过此事。我真的很生气。

贝蒂： 等一下。不是上周，也不在弗雷德和威尔玛家。你说的是
　　　　两周之前在佩布斯的订婚派对上发生的事情，弗雷德和威
　　　　尔玛也在场。

巴尼： 都不对。我没有去佩布斯的订婚派对，因为我和邦邦在
　　　　一起。

贝蒂： 笨蛋！我告诉过你，你有注意障碍。你连球杆放在哪儿都
　　　　记不住。

这种对话很常见。贝蒂和巴尼好像经历了一次情绪失控事件。双
方都未能对一次过去经历的发生过程进行准确编码，而是从自己的角
度出发，因此他们无法正确地记住这段经历的发生顺序和背景。另外，
他们都对这段经历的发生地点感到迷惑。那么该如何解决这种问题？
贝蒂和巴尼最好能放弃争论谁的记忆才是正确的。相反，他们可以消
除误解，修复感情伤害，然后继续前进。

巴尼： 也许你是对的。谁知道呢？我就是不喜欢你不跟我商量就
　　　　制订计划。

贝蒂： 你说得对。我应该和你商量。对不起，亲爱的。

搞定。

伴侣双方都需要明白一个事实：我们的记忆不是我们想的那样。
除非是为了想起你们在哪里埋藏了宝藏，否则就不值得为记忆而吵架。
记忆很容易出错，其出错不受个人控制，也并非有意针对某个人，那
么何必为记忆而吵架呢？

感知

感知就像哈哈镜，和你想的根本不一样。你的感知总是受心情左右，而心情受记忆左右，反之亦然。你以为你听到的可能不是你真正"听到"的，你看到的也可能不是你真正"看到"的。嗅觉、味觉和触觉都一样——所有感官都会受记忆和唤醒状态影响。

特丽这一天上班诸事不顺。她回到家，看到保罗在沙发上休息。她放下东西，问保罗喂猫了吗，换猫砂了吗。保罗懒洋洋地回答："当然。"特丽瞥了一眼保罗的表情，顿时燃起怒火。

特丽： 为什么是这种态度？

保罗： 你什么意思？什么态度？我说我做了。

特丽： 你说话刻薄，而且看上去很生气。

保罗： 我没有！

当然，保罗不可能知道自己的表情怎么样，声音怎么样。我们假设他的表情"中性"，语气里没有"态度"。如果是这样，那么特丽看到了什么，又听到了什么？她的心情影响了她。她在办公室待了一天，对付了几个麻烦的员工，其中一个员工的态度极其恶劣。人们生她的气，她也生他们的气。她回到家中，看到保罗懒洋洋地躺在沙发上，怒火已经一触即发。所以她看到的是一张生气的脸，听到的是消极的语气。她相信她的感知。我们比我们以为的更容易犯此类错误，但这不是问题所在。问题在于我们绝对相信我们的感知和记忆。

交流

　　作为一名老师和治疗师，我在语言方面遇到过很多麻烦。我说的麻烦倒不是指我经常错误地使用语言，至少我不会有意为之，而是指对于不同的人来说，词语有不同的含义。例如，当我介绍"伴侣泡泡"，或使用"管理你的伴侣"时，我的学生会质疑我的用词，甚至认为我在使用危险的单词和短语。这与我的本意完全不同。人们脱离语境看待我的话语，认为它们会造成伤害，我曾为此感到沮丧，甚至惭愧。但我能理解，语言被误读是一个普遍问题。

　　这让我想起一些有关说话与听话的原则，如英国语言哲学家保尔·格赖斯（Paul Grice）和普林斯顿大学教授、心理学家乔治·米勒（George Miller）所提出的原则。格赖斯准则建议说话人与听话人互相协同、保持一致，说话要简洁扼要、力求真实，在任何情况下都要让听话人能够轻松听懂。米勒规则则关注听话人，认为听话人应该假定说话人的话语为真，而且必须努力确定说话人的说话意图。啊，要是我们都能实践这些说话与听话规则就好了。但是我们没有。我们没有时间。我们还认为我们说清楚了，对方听到了，也理解了。事实上，这样的情况少之又少。我们在听的时候，很大程度上也在误解说话人。这并不完全是因为懒惰或走神。

　　我们的知识和经历造就了我们，新信息会自然并入我们现有的框架之中。在尝试学习新事物时，我们会在已有的知识背景下进行理解。这个过程叫作同化。这是认知理论家让·皮亚杰（Jean Piaget）所推广的术语。整合新知识时，同化要比它的"表亲"——顺应容易得多。为了理解新信息，我必须从根本上改变我的看法，这个过程就是顺应。顺应总是带来更多痛苦和困惑。我们在互相讨论想法或个人观点的时候，自然会试图通过自己的视角去理解对方的意图。这很明显，对于伴侣来说，真正理解对方可能需要耗费太多精力，所以很多时候两人都在自说自话。我们很难理解个人经历和知识以外的东西。当我们需要相互理解时，就更需要费力才能实现。

当你前往一个语言不通的国家时，你得依赖手势进行交流。信不信由你，依赖手势进行交流比你懂一点当地语言后用语言交流更加顺畅。一旦你对这门语言有所了解，你就将陷入危险。你尝试使用新学的单词和短语，而不再进行非言语交流，这可能会给你带来很多麻烦。这些麻烦不是由你不熟悉这门语言造成的。如果真的是语言问题就好了。即使你说着母语，也可能陷入麻烦，因为单词和短语对不同的人来说有着不同的含义。你可能认为你对另一个人讲清楚了，他可能认为他能理解你在讲什么，但那只是幻觉。请记住，实时交流的速度很快。我们的大脑基本处于自动化状态，它会走捷径，将事物与我们的记忆瞬间匹配。哪些事情的处理可能会出现差池？每件事情。

此外，我们始终只能接近彼此的想法。即使我们以为理解了对方，也几乎不可能完全步调一致。任何互动都很可能充满差错和误解。那么为什么我们并没有更多地抱怨呢？因为当我们对自己或对方感觉良好时，我们用积极的东西填补空白，我们做出让步，放彼此一马，而且最重要的是，我们以为我们懂了。但是，当我们对自己或对方感觉不佳时，我们的记忆和感知会发生变化，交流中的错误可能会急剧增多。所以，我常常看到伴侣双方甚至在毫不知情的情况下，争论两个不同的话题。交流脱节就是这么容易。

以下就是一个例子。

布拉德和艾米正准备上床。他们有每晚看电视节目的习惯。今晚也一样，至少对艾米来说如此。但布拉德太累了，他闭着眼睛，手和胳膊放在两侧，表示自己想睡觉。

艾米：［挠布拉德胳肢窝，试图引起他的注意］我们来看节目吧。

布拉德：［因为艾米挠他而咯咯笑着］嗨……嗯……哼……

艾米：来啊！我准备看节目了。

布拉德：亲爱的，我好累。

艾米：看节目会让你清醒。

布拉德：［继续哼哼。］

艾米：快点。我开电视了。［艾米爬起来，下床开电视。］

布拉德：亲爱的，我真的想睡觉。

艾米：［做了一个特别夸张的悲伤表情］但我们总是一起看节目。

布拉德：今晚你可以一个人看。没有关系。

［两人沉默了很久。布拉德闭着眼睛。艾米抿着嘴坐在那里，一边思考一边盯着布拉德。］

艾米：好。你睡吧。［顿了顿］你能关灯吗？

布拉德：［没有回答，只是哼了一声。］

> **艾米：**关灯。
>
> **布拉德：**亲爱的，我在尝试入睡。你来关灯。
>
> **艾米：**可是灯就在你身边。
>
> **布拉德：**没有！行了，亲爱的。如果想关灯，你就自己关。[布拉德翻过身，背朝着艾米，试图入睡。]

艾米坐在那儿，大为光火。她认为布拉德在责备她。布拉德侧身躺着，他认为艾米怪他没有跟她一起看电视。几个小时之后，艾米怒气冲冲地醒来，打布拉德的胳膊将他吵醒。矛盾愈演愈烈，事态急剧恶化。早晨出门上班的时候，布拉德和艾米都没有和对方说再见。他们只能在第二天晚上再处理伤害和怨恨。

实际情况是这样的：布拉德倾向于避免冲突，开口告诉艾米他想睡觉，不看电视对他来说很难，他担心她会因为自己的越界行为而不高兴。他装睡，但艾米挠他时又笑了，他的反应向艾米发送了迷惑信息。他没有告诉艾米他太累，不想看电视，而是让艾米以为哄一哄他就能驱赶睡意。他继续装睡，最后才被迫告诉艾米他想睡觉。他闭着双眼不看艾米，让艾米觉得他不想搭理自己，而艾米不喜欢被晾在一旁。艾米觉得失望，布拉德僵硬的身体和紧闭的双眼也让艾米感到威胁。（注意肢体语言。）艾米没有谈论这些，只说了"好"，开始退缩。接着布拉德转过身，背朝着艾米，更让艾米觉得自己遭到了忽视、无视和抛弃。艾米心中的怒火开始升级。现在她想把灯关掉。她认为布拉德确实离开关更近，因此让他关灯，觉得至少这是他能做的事情。布拉德一听这个要求，就认为艾米在生他的气，以退为进希望他去关灯，即使他已经向艾米"表明"自己很累。布拉德在想："艾米怎么这么不替别人着想呢。她又打算怪罪于我了。"布拉德很生气，又睡不着，就在脑海里把他想对艾米说但又不敢说的所有话都演练了一遍。艾米看电视节目的时候，灯还开着，艾米有自己生气的想法："真是混蛋！他不愿意关灯，证明他在疏远我。"

如果回顾他们的过往，就会发现布拉德的母亲曾长期干涉他的生活，他对向自己提出的要求非常敏感；而艾米曾被父亲抛弃、忽视。双方都在重温这些经历，并都在重新体验他们在原生家庭里遭遇过的最深的恐惧。所以当一切发酵到一定程度，其中一人爆发也就不足为奇了。

发送和接收提示与线索

在交流时，我们发送并接收许多非言语信号，比如我们的面部表情和肢体语言。我们发送的信号会提示我们的伴侣，让他们了解到在他们说话时我们的感受如何。我们接收的信号会提示我们何时该做出言语反馈。这就是信号 – 响应系统。它是安全依恋和稳固关系成败的关键，并在很大程度上影响依恋的安全性和唤醒调节。

信号 – 响应系统最早在婴儿期就会出现。婴儿可能会哼哼或微笑，向照料者（如母亲）发送非言语信号，母亲通过微笑、哼哼或模仿婴儿说话进行响应并发回信号，婴儿再做出回应，依次类推。他们之间你来我往的交流，即信号 – 响应流，充斥着种种错误。你可以把交流想象成两个独立的思想在试图寻找彼此，而在上述情况下，责任完全由母亲承担。如果婴儿啼哭，母亲必须一次又一次与他进行沟通，了解他的需求。母亲可能得尝试抱他、喂他、给他换尿布等，直到正确解读信号为止。这就需要照料者殚精竭虑，一次又一次"定位婴儿的思想"。我们称这种互动功能为互动调节（照料者 – 婴儿 – 照料者）。它始于外部调节（照料者 – 婴儿），照料者为了搞懂婴儿在想什么，必须大部分时间里都让婴儿主导。如果照料者非要主导，那么他们最终只能搞懂自己的想法。

信号 – 响应系统运行得非常快，其组成部分极为微小且运行得比我们想象的要快很多。所有这些互动看上去都很流畅，直到出现阻碍。两套神经系统会自动快速纠错，所以一些错误或故障不会被注意到。但是，如果一系列错误（一连串微小时刻）重复发生或者持续存在，或者如果快速纠错没有出现（在以毫秒计的时间内），那么主观上就会感受到痛苦。这种痛苦通常首先表现为焦虑，但会快速升级，变成沮丧、恐惧、愤怒，最终成为受威胁感。

当婴儿发出信号而响应时间太长时，婴儿的痛苦程度就会增强，未来的信号发送也会受到影响。照料者未能对婴儿的信号做出回应肯定会造成一些后果。如果婴儿发出信号，但照料者不能正确地做出回应，那么婴儿未来的信号发送也会受到影响。如果婴儿发送信号却产生了不好的后果（可能是得到照料者带有恶意的回应），那么婴儿未来发送信号的方式就会受到影响。

请注意，不要因为读了这些内容，就认为你是糟糕的父母，或者认为你的父母是恶人，并因此而抓狂。我们这里说的是信号 – 响应的持续障碍模式。只要互动，就会发生错误，我们谈论的只是一直没有对错误进行纠正、调整或修复的情况。如果伴侣之间持续或重复出现信号 – 响应问题，关系就会失调（乱套）。这种伴侣双方不合拍的错误常常被称为失调的微小时刻。

对信号发送不良的不同感受

有过安全型依恋史的人（安全者）在信号 – 响应系统里制造的问题通常比有不安全依恋史的人（不安全者）少（请参考第 5 章以了解详情）。安全者具有足够多的信息得到恰当回应、没有不良后果的身体记忆。而不安全者通常并非如此。他们可能曾是在饿得大哭时，却遭到照料者忽视或大声训斥的婴儿。尽管安全者通常可以恰当地发出信号，但由于多种因素（并非都与依恋相关），他们也可能表达过度或不足。其响应性也是如此。一般来说，尽管安全者可能会向伴侣抱怨关于信号 – 响应系统的问题，但他们对信号 – 响应系统里的错误并不敏感。错误就是错误，对任何人（安全者或不安全者）来说，响应过度或不足都有可能出现。然而，由于早期历史，不安全者可能对信号 – 响应问题特别敏感。

不安全者中的回避型个体往往信号发送和响应不足或不良，这可能是因为至少有一位主要的照料者曾经响应不足或信号发送不足。这种响应不足还可能表现为脸的上、中、下部的表情不足而难以读取，或在声音语调和身体姿势中观察到。回避型个体比安全者更倾向于控制面部表情。这可能是因为他们的原生家庭成员习惯于控制面部表情，或为了保护自己不受侵扰。面部是我们的社交器官，我们通过面部，尤其是特写镜头，来读取伴侣的内心活动。如果一个人对于暴露内心特别敏感，那么他们会希望控制脸的各个部位，隐藏各种难堪的情绪（如羞愧），这很容易理解。

控制也可用于掩饰一个人的真实感受或想法，让面部具有欺骗性。有时候，控制表现为外露的表情与内心的感受截然不同。一个人可以用微笑掩饰生气，用眼泪替换愤怒，用鄙视取代悲伤。如果对于外部攻击或暴露弱点有强大的反射性防御，情况就会更为棘手。例如，有些人可能因为恐惧而响应不足，因为他们学会要保持静止不动，以免照料者变得更生气、更吓人，以及更糟糕的——更难以预测。这是一种自我保护。但是，这些防御手段可能被误读，信号发送不足的人会被认为是冷漠、有敌意甚至危险的。许多研究发现过于平静的脸可能让婴儿和成人都做出威胁反应。[1]

有些不安全者倾向于过度发送言语和非言语信号。他们往往也会接收他人对他们发出的信号的过度响应，而且可能在年轻时承受过发送信号的不良后果，比如照料者的沮丧。同样，许多成年伴侣承认，在童年时，他们为了获得回应，会更大声或更夸张地发送信号。因为他们往往在表情或声音方面过度表达，所以在一些人看来，他们夸张、做作。这些伴侣可能对那些响应不足且信号发送不足的人特别敏感。由于害怕对方退缩或遗弃自己，这些不安全者如果没有从伴侣那里得到足够的反馈，就会变得非常焦虑不安。

信号发送不良影响唤醒调节

你现在已经知道，在双人系统里，伴侣双方的自主神经系统和中枢神经系统互相连接、互相调节。每位伴侣都会根据他们童年时期的信号 – 响应经历对内部和外部刺激做出不同反应。即使是关系最为稳固的伴侣也会时不时在信号 – 响应问题上挣扎一番。

米奇和肯德尔为我们提供了在信号 – 响应问题上挣扎的绝佳例子。他们在讨论对其中一方或双方很重要的话题时经常遇到麻烦。米奇是由母亲带大的，母亲冷漠、疏离、爱挑刺儿，米奇难过时她也无动于衷。肯德尔则是由父亲带大的，父亲爱咆哮、爱训她、爱自言自语，肯德尔小时候就不敢插嘴。事实上，她还记得自己曾常常坐着，希望父亲走开别管她。米奇在讨论问题时眉飞色舞，情绪高昂，而肯德尔会在米奇说话的时候安静地坐着，一脸镇定，几乎完全不动。米奇说个不停，越来越啰唆和兴奋（被唤醒）。而肯德尔的表情始终如一——不退缩、不激动但也不缺席。他们的对话会带来痛苦也就不足为奇。

为什么米奇会这样滔滔不绝？为什么肯德尔允许他这么做？米奇有点忘我，在很大程度上是因为肯德尔毫无反应才这么做出回应，以为她不理解，或是在挑剔。错不全在他。肯德尔确实在等他说完，而米奇没有停是因为肯德尔没有发出想说话的信号，也没有回应他的非言语线索。肯德尔面无表情，让米奇认为她有一些负面想法，并且对他有意见，就像他的母亲那样。肯德尔和米奇的争吵风格实际上放大了他们个人的历史创伤，但他们双方都没有意识到这一点。

那么，他们应该如何进行补救呢？一个选项是米奇在说话时注意肯德尔的微小线索（包括静止不动），并向她确认。另一个选项是肯德尔做出反应，点点头或说些诸如"明白""懂了"甚至"好的"之类的话。她也可以通过触碰和眼神交流来让米奇不再重复话题："亲爱的，等等。我知道了，你是想让我……"如果他继续喋喋不休，她可以说："再讲一分钟，然后我们换个话题"，从而取得对话题的控制，而又不伤害米奇的感受。

如果你不能理解麻烦三兄弟是人类的固有问题，你的关系中将产生无数的误解，你和伴侣会假定对方有意针对自己。因此，你能完全相信自己的交流吗？不能。你能完全相信自己的记忆吗？不能。你能完全相信自己的感知吗？不能。那么你可以相信什么？我的同事加里·格拉斯（Cary Glass）总是教我们的住院医师：要好奇，但不要生气。仔细检查并多方核对你的感知：你听到了什么、你说了什么，以及你的伴侣听到了什么。问问自己：我们在谈论同一件事情吗？我的脸与我说的话一致吗？我的声音呢？伴侣真的听懂了我所使用的简化表达吗？

我们所有人都可能自负地认为我们信以为真的事就是事实。纠错的最好途径是保持好奇、友好、灵活、谦逊，并坦诚面对犯下的错误。给你安全与保障的是所处关系的完整，而不是你对事实、正义、表现或完美的坚持。

第 5 章

你的依恋风格是什么

我们大多数人都希望能够更加了解自己和伴侣。我们寻求心理治疗，阅读自助类书籍，咨询精神导师，并进行性格与契合度测试。人格的考察方法有很多，包括凯尔西气质类型调查表（Keirsey Temperament Sorter）和迈尔斯－布里格斯类型指标（Myers-Briggs Type Indicator），不过这两种方法都更多为雇主所使用，而不是恋人。

尽管这些性格测试很有意思，而且往往有所帮助，但还有另一种了解自己和伴侣的途径——从依恋的角度深入了解联结风格。其他所有分类体系都在帮助我们了解彼此、了解应该如何共事，而这种途径主要帮助我们理解我们的联结方式（依恋风格），并帮助我们成功建立健康、长期的伴侣关系。依恋风格决定了我们如何联结、如何争吵，以及我们更重视的是自己还是亲密关系。

我们基于依恋风格建立联结

依恋理论是一种人际关系的心理学模型。人际关系从一个人出生起就存在，并持续整个生命历程。20 世纪 50 年代，依恋理论开始受到众多关注，包括英国的约翰·鲍尔比[1]（John Bowlby）和詹姆斯·罗宾逊（James Robinson）等人[2]，以及美国的哈里·哈洛（Harry Harlow）。哈里·哈洛以研究恒河猴的依恋关系而闻名，[3]他的研究取得了关于灵长类动物（包括人类儿童和成人）的重要发现。研究者通过这些研究发现，与其他人类建立依恋纽带是人类生存的根本。我们至少需要与一个人建立联结，而这种需求既是心理需求，也是生理需求。

依恋始于我们最早的照料者，他们通常被称为主要依恋对象。虽然可能还有其他依恋对象和照料者，但总会有一个主要对象，而且往往是母亲。依恋不是只与母亲有关，而是与和非常重要的人之间的关系都有关，特别是年幼时依赖的对象，如母亲、父亲、兄弟姐妹、老师、朋友等。人难免要依恋他人。我们将在本章中讨论的是依恋的质量。

让我们以母亲为例谈谈最早的主要依恋对象。

责怪母亲

请允许我谈谈心理学领域对母亲的描述。我给学生讲授依恋问题时，其中一张幻灯片的小标题是一句玩笑：
"与母同行，祸不单行。"我们责怪母亲已经很久了。
1948 年，弗里达·弗罗姆 – 赖克曼（Frieda Fromm-Reic-
hmann）创造了"精神分裂病源型母亲"（schizophren-
ogenic mother）一词。20 世纪 50～70 年代，人们开始
责怪母亲引发后代的精神分裂症。50 年代，"冰箱妈妈"
（refrigerator mother）一词出世，将自闭症归咎于冷漠的
母亲。此外还有"直升机妈妈"（helicopter mother）、"虎
妈"（tiger mom）、"散养型妈妈"（free-range mom）、"松脆
型妈妈"[⊖]（crunchy mom）。对母亲的责怪由来已久（"感
谢"弗洛伊德），对此心理学界发起了新女性主义运动进
行抵制。如今，不管母亲是待在家里还是外出工作，都
会受到指责。母亲（及父亲）自己就已经非常担心把教养
孩子弄得一团糟了，专家们对此的说法更加重了他们的
担心。

胎儿还在母亲子宫时，就开始习惯母亲的心跳和声音，此时联结
就开始建立。出生后，完全不能自立的婴儿继续与母亲的声音、气味、
味道和触摸保持联结。母亲和婴儿不断进行单一轨道的非言语互动，
他们面对面，肌肤相亲，神经系统相互作用，这产生了深远的影响。
婴儿会根据内部和外部事件不断适应和变化。婴儿所经历的依恋的质

⊖ 松脆型妈妈是一个新嬉皮士群体。她们通常认为购买主流产品或从事主
流活动对孩子的成长不利。——译者注

量，即获得多少联系以及这种联系是紧张的还是缓和的，决定了婴儿自然发展的能力。

安全型依恋意味着婴幼儿相信其主要照料者会对他们的需求做出恰当回应，并及时进行交流（"及时"是主观的，取决于儿童时间观念的发展）。不安全型依恋意味着儿童对主要照料者的回应感到不确定，或可以确定主要照料者要么不会做出回应，要么会做出不当回应，要么会对自己的求助信号进行惩罚性回应。想一想这个模式：婴幼儿发出信号，照料者做出回应（耗费多少时间以及是否得当），由此得到向照料者发送信号所产生的后果。

换句话说，如果对母亲的依恋属于安全型，即婴儿知道自己对爱、营养和养育的需求会得到满足，婴儿的内在资源就能得到释放，为成长与发展做好准备。然而，如果依恋关系是不安全的，即婴儿担心自己的身体和情感需求不是照料者的主要关切，婴儿的内在资源就会受到影响，成长与发展可能也会因此受损。

例如，如果母亲情绪低落，她就可能无法持续提供婴儿需要的关注。由于婴儿的生存需要主要照料者在绝大多数时候能够在场，因此在母亲情绪低落时，婴儿的不确定感可能会占用本不必占用的内在资源。

照料者如果始终在场，并且资源充足，体贴周到，充满兴趣，专注于婴儿的非言语交流，就能促进安全型依恋。随着婴儿的成长，安全与安心的标准不断提高。例如，幼儿不仅需要主要照料者的关注和陪伴，也需要他们更全面地了解并更精确地体察自己的内心世界。随着儿童的成长，他们对全面了解和精确体察的需求持续存在，并且他们在成长直到成年的过程中经历了多次神经生物学方面的升级。

一个安全型婴儿、儿童、少年和成人对自己与至亲至爱的人之间的联结充满信心，不担心自己被遗弃或吞噬。安全型儿童能够自由地离开主要照料者的视野一段时间再回来，不会产生消极后果，而照料者会保持全然关注并且在场。儿童在经历成长挑战时，可能会变得痛苦、消极、犹豫，安全型照料者理解儿童的消极情绪，不会过度反应或进行惩罚。换句话说，安全型照料者发展出了自我调节（保持冷静）的能力，在儿童出现失调时，不会受到儿童自主需求或依赖需求的威胁。照料者能够准确地理解儿童的内心世界，同时保有好奇心，随时准备纠正错误或抚平伤痛。所以，安全型依恋源于一个以关系为绝对中心的价值系统，在这个系统里，关系的完整性是重中之重；非安全型依恋则源于以自我为中心的价值系统，在这个系统中个人需求更为重要。

依恋的跨文化研究着眼于两种社会：个体主义社会和集体主义社会。西方文化（美国、英国和欧洲其他国家）倾向于以个体主义为中心，而东方文化（中国、日本等）则更倾向于集体主义。依恋研究可能有过强的西方文化色彩，无法准确地应用于其他社会。尽管如此，西方研究似乎在不断证实，儿童与成人的依恋会影响儿童一生的亲密关系。依恋不是静止不变的。随着我们与至亲之人的关系日趋发展和成熟，依恋的安全性也在发生变化。

岛型、浪型和锚型

你们可以把依恋风格看作文化。如果你到了另一个国家，那里的人做事的方式与你的习惯不同，那么你必须学习那里的文化，才能与人相处，并了解他们行为的含义。例如，在日本，你会发现日本人鞠躬但不握手。人们对眼神交流的理解与在美国不一样，在日本，人们通常会回避视线，不是因为他们感到羞耻或想要忽略对方，而是出于尊重。在许多亚洲国家，直视老师的眼睛被认为是不尊重的，但在美国，不与老师交流眼神才是无礼的行为。

家庭也有文化。重视依恋的家庭往往更注重关系，更有爱、更温暖、更能支持家庭成员。而更在意自我、表现水平、外部形象和独立性的家庭往往不那么亲密，联结风格也偏冷淡。有一些家庭中，可能父母一方或双方有伤残、抑郁、精神疾病、药瘾、酒瘾，于是孩子需要照顾父母。这样的家庭有可能充满温暖与关爱，但也会过度强调依赖性。

还有一种情况：照料者彼此之间可能风格迥异。可能一位非常热情而另一位相当冷淡，一位看重关系而另一位不看重，一位注重独立而另一位强调依赖，也可能一位需要自尊心得到支持而另一位没有要求。我们通常会"继承"12岁之前最亲密的那位父母的"风格"。你和父母中哪一方的关系更为亲密？是在几岁的时候？你和谁待在一起的时间最长？又是在几岁的时候？你最受父亲还是母亲的疼爱？还是他们都不疼爱你？你是被父母以外的人带大的吗？这段关系的质量如何？是几岁时候的事情？

　　我们可以假定，我们在与他人建立联系时处于三种主要状态（间歇性）或特征（持续性）之一——岛型、浪型或锚型，每一种都有自己的文化。锚型最为稳固，锚型的人比较镇定，不用害怕被伴侣遗弃或吞噬。待在至亲之人的身边，他们相对不会感到拘束。他们喜欢向主要依恋伴侣寻求身体和情感上的亲近。他们热衷于保持身体和情感上的联系，而且不会感到痛苦。他们能快速适应变化，在沮丧时仍能投入工作和交往，并能维持事业、职业发展，个人发展，与他人的成功关系，与恋人互相促进的关系及身体的健康，等等。他们与兴趣爱好各异、各式各样的人融洽相处，并且在社交和情绪调节上都很老练。锚型的人能够轻易了解自己的情绪，并善于与他人进行交流。他们能够很好地控制自己的冲动和欲望，并与他人相处愉快。人们喜欢与锚型的人待在一起，因为他们的情绪不那么复杂。与资深岛型和浪型的人相比，锚型的人更随和、更幽默、更快乐，也能更好地调整自己。锚型的人既不咄咄逼人，也不唯唯诺诺。他们习惯与他人进行合作与协同。对他们来说，建立稳固的亲密关系是很简单、很自然的事情。

　　相比之下，岛型和浪型的人在亲密、稳定的亲密关系中相对感到比较不安全。不安全者这个术语指代这整个群体。不安全者有一些共同点，其核心就是他们重点关注的是自我而非关系。岛型和浪型的人采取的是"我优先"的单人心理系统。两者都源于很多早期互动的不公平、不公正、不体贴。岛型的人更加疏离，而浪型的人更为黏人，不过有时这两种类型都既疏离又黏人。岛型的人以独立自主而自豪，他们往往对受到侵扰、干涉、剥削、利用更为敏感。他们习惯自己动手，比其他人需要更多的独处时间。他们在与他人持续进行互动时，会比其他群体承受更大的人际压力。这就是他们在情感和身体接触中都看起来很冷淡或疏离的原因。

浪型的人对于依赖是摇摆不定的，这导致他们在黏人和疏离之间快速切换。与岛型的人不同，浪型的人往往更热心，更具情感表现力。他们更有可能寻求亲密关系，并渴望保持长期的身体和情感接触。他们常因外部环境影响而出现情绪起伏。与需要独处时间来整理情绪的岛型不同，浪型需要与人谈论自身问题才能平复自己的神经系统。浪型的人更注重与他人的互动，包括言语互动和身体亲近。

岛型

现在，你已稍微了解我们所假定的三种主要联结状态，让我们进一步看看岛型。我把这一类型称为疏离型家庭文化。在关于依恋心理学的文献里，岛型被称为依恋价值回避型、焦虑回避型、忽视型或贬低型，但我更喜欢使用一个更为友好的词：岛型。我之前提到过，岛型的人倾向于将自身需求置于关系之前。

岛型的养成

对于岛型父母来说，自尊和社会地位很重要。他们会明里暗里希望岛型儿童在所有事情上都能表现优异，并能很好地呈现给外界，从而光耀门楣。对金钱、智力、权力、美貌和青春等的重视也可能在起作用。岛型父母不鼓励孩子依赖父母或表达需求。与浪型或锚型父母相比，这些父母往往更冷淡，也更内敛。他们通常希望孩子能够拥护或至少绝不挑战父母一方或双方的自我意识。岛型父母往往行事遮掩、隐忍克制、难以接近，他们不能容忍冲突和被挑战，对人轻蔑，讷口少言，还对人吹毛求疵。羞耻感通常在岛型人的世界里扮演重要角色。因为自尊始终是一个问题，而失败常常被认为是可耻的，所以羞耻感是"这座岛上"不可调和的普遍情绪之一。

　　岛型父母不鼓励依赖，通常希望孩子能照顾自己，一个人安静地玩耍。在美国文化中，能够自己安静地玩耍，从来不哭也不闹，整体上很好带的孩子被视作乖孩子。然而，有许多这样的孩子被误认为属于锚型，但他们实际上属于岛型（见下文）。研究表明，岛型婴幼儿甚至比黏人的浪型还要焦虑。岛型儿童的大脑、血液和尿液里的皮质类固醇相关激素和神经递质浓度能够证明压力的存在。

岛型的人与他人交流的方式

　　所有人都会向一个主要依恋对象发送信号，寻求某种回应。婴儿会发送信号，要求对方喂食、轻抚、怀抱或者换尿布。当然，这些信号是非言语形式的。为了让婴儿感到安全和安心，回应应该相对迅速，并与其发送的需求相一致。照料者不能及时进行回应或做出错误的回应，会在不同程度上影响儿童未来的信号发送（夸大其词或默不作声）。例如，如果婴幼儿发出信号，但经常得不到回应，或得到错误的回应，或因为发出信号而承受消极的后果，那么婴幼儿未来的信号发送方式就会发生改变。

　　岛型儿童往往不爱表达，也不爱与人接触，具体程度取决于他们的父母表达各种情感的能力和重视亲昵行为的程度。岛型儿童在很早就了解到他们的需求可能不会很快得到满足，所以他们发送的（求助或求关注）信号往往远少于其他儿童，我们可以说他们信号发送不足。岛型儿童偏爱独自玩耍，常常沉浸在幻想之中。

岛型的人如何恢复内心的平静与平衡

　　人类发展的一部分是学习如何管理自己的情绪和生理状态。岛型的人会使用一种名为自动调节的自我管理风格，让自己恢复平静。自动调节是四种正常、自然的自我关怀策略之一。他们安抚和激励自己，不需要另一个人。岛型的人能够让自己从压力中抽身而出，独自待着，直到能振作起来。虽然这么做对他们来说非常有用，但请记住，他们是将自己当成儿童来进行管理的，而他们的锚型和浪型伴侣会因为他们的回避而生气。如果岛型的人过度使用自动调节策略，他人会觉得自己被忽视、不被需要或关爱，以及遭到拒绝或抛弃。

　　自动调节是一种节能状态，与源自过于关注的解离状态紧密关联，可能容易与注意障碍相混淆。一个人如果过于依赖自动调节，往往难以从梦幻般的自动调节状态转变为更加紧张的人际交往状态。岛型的人往往习惯自动调节，因而可能很难从独处转为与他人互动，但是从互动转为独处时却没有任何难度，就像有一扇单向门。

岛型的状态转换

从互动到不互动＝简单

从不互动到互动＝困难

自动调节会影响专注力和意识。是否曾有十分清醒的人在你刚醒时与你交谈？你的脑子可能跟不上对方说话的速度和传达的信息。你可能感到困惑，觉得被消息淹没，甚至可能对与你说话的人感到愤怒。岛型的人处于自动调节模式时如果受到干扰，就会有这样的感受。

岛型的人更注重自我而非关系

自动调节者不喜欢受到侵扰还有一个原因。岛型视角的本质是关注自我需求而不是关系的完整性。岛型的人总是假定自己身边的人想向他们索取某种东西，却不会回报，不会互相促进。这种记忆长期存在，导致他们不由自主地生气，轻视、回避甚至攻击对方。

因为坦诚在岛型人的世界观中并没有一席之地，所以岛型儿童和成人不会暴露自己的底牌。这很正常。他们有秘密，往往也会明确将自己和他人分隔开。他们的许多秘密都是关于性的羞耻感，不过他们也可能关注金钱、智力、权力、美貌和青春。他们的秘密可能涉及其中一种或多种需求，而且可能导致对性、金钱和其他方面本应该共同做出的重要决定的背叛。安全者会把保守秘密视为不够诚实或不愿协同，岛型的人则把保守秘密视为自我保护，是生存所必要的。毕竟，他们重要的家庭成员不直白、不诚实、不坦率也不协作。岛型的人表现出的不是性格缺陷，只是他们的成长文化。因为在岛型的道德观里，自我是核心要素，所以岛型的人很怕在一段稳定的依恋关系中丧失自我或自主。岛型的人还害怕失去他们的东西或财产，包括金钱。

作为治疗师，我注意到岛型的人更倾向于通过控制来掩饰他们的内心活动。因为岛型的人容易感到羞耻，又揣着秘密，所以他们讨厌自己被人看透。岛型的人也往往会对自己的面部和身体加以控制。他们常常要么没有面部表情，要么对面部表情严加控制。他们的面部缺乏灵活性或自发运动能力，这可能与他们的原生家庭成员的面部控制有关。控制指通过收紧或控制肌肉动作，来努力管理、掩盖、改变或隐藏内心反应。这些控制往往使岛型的人看上去比其他类型的人更虚伪，好像他们总在掩盖什么。

岛型与冲突

回避冲突和消极攻击是岛型的重要标志。除非没有退路，否则岛型的人只会回避冲突。他们争吵之后会希望完全忘记这件事。事实上，遗忘是岛型系统的一部分。岛型的人倾向于赶走悲伤、抑郁、愤怒、羞耻等负面情绪。如果可能，他们会消除或忘记痛苦的情绪。虽然这么做对他们有利，但对于大多数愿意投入并努力解决冲突的伴侣来说，这种疏远式防御具有威胁性。岛型的人由于回避冲突，会拒绝解决冲突，从而对伴侣构成威胁。岛型的人回避冲突的原因之一是他们担心依恋关系过于脆弱，无法承受关于他们的真相。他们使用回避机制，因为他们担心真实的自己被发现并进而遭到拒绝。岛型的人的这种行为应该得到原谅，因为他们过往的真实经历告诉他们，坦诚只会带来大麻烦。

岛型的人行为并非反常或病态，只是为了适应环境，是为了在童年得以生存下来而必须要做的事情。岛型的人意识不到自己的行为。如果你一生都住在鱼缸里，从未在其他环境中生活过，那么你会觉得限制是正常的。所以，岛型成年人不会发觉，他们的处事方式给关系中依恋风格不同的他人带来了问题。岛型的人通过防御结构确保把问题留在外部，他们只有在不断受到冲击，如在关系中感到痛苦或遭到遗弃时，才会寻求帮助。

你愿意和岛型的人在一起吗？为什么不呢？如果一个岛型的人能意识到并理解自己的本能反应会妨碍稳固的关系，那么你当然可以接受他。反之，如果一个岛型的人既不能意识到也无法发现其防御机制对自己或他人具有破坏性，那么你一定要略过此人。

岛型自述

我： 跟我讲讲你的情况。

她： 天哪，我被认为是一个失败者。我的妹妹是一位滑雪明星，甚至参加了奥运会！而我则得担负起家庭的责任。我最小的弟弟可以为所欲为，而我只能安分守己。我曾是父亲最宠爱的孩子，这有点奇怪，因为我是一个女孩。那时候他总是夸我，只在我考得不好时才会生气。

简单地说，我的父母都有过人的成就。我的母亲曾是优秀毕业生，现在是国务院高级官员。我的父亲是一名分子生物学家，是斯坦福大学的著名教授。我也曾在斯坦福的研究生院学习细胞生物学，现在在华盛顿特区的疾病控制中心工作。我的丈夫是全职爸爸。他曾是美国陆军特种部队成员，现在成了"上校妈妈"。他不会抱怨这些，但我会。要知道，我有一种职业道德。我无法忍受他在房子里到处晃荡。这种想法是不是有问题？我是说，他确实在做事情，在帮助我带孩子。

我的父母一直都雄心勃勃。我不记得他们在一起做过什么，除了偶尔会聚在家里打桥牌。他们不让我们下楼和大人待在一起。我父亲偶尔会带我和妹妹出门炫耀。我那时很喜欢这样，但是现在回想起来有点不自在，好像我们是被带出去表演的小马，而不是独立的个人一样。我们会在家里大肆谄媚。父亲需要觉得自己独一无二，母亲也是，不过她会用另一种方式表现出来。她会拿我跟她小时候比，但我总是不如她，我从来没有她聪明。我的妹妹不用经历这些，因为我的母亲没有运动细胞，所以跟妹妹没得比，也没得争。在我小时候，父母总是很忙，一直让管家给我们做早餐和午餐。

我： 在你小时候，谁会抱你、哄你、亲你？

她： 我的父母不大会表达爱。事实上，我都不记得他们中有谁亲过我或抱过我。现在，我试着拥抱我的母亲时，会感到极其尴尬。至于父亲嘛？从来没试过！

我： 在你小时候，哪位大人会陪你玩——只跟你玩？

她： 没有人陪我们玩。如果要玩，我们就跟街上的小孩一起玩。我们小时候几乎都是自己照顾自己。

我： 在你小时候，如果你感到难过，你的父母会做些什么？

她： 我不记得有难过的时候。我是一个乖小孩。不，我是一个完美小孩。我从不制造任何麻烦。我早上起床，整理床铺，上学，在学校待着，写作业，回家，写更多的作业。我的父母经常晚上都不在家。我的母亲在国务院工作要出差，我的父亲要出国演讲。我很少看到他们一起旅行。

我： 在你小的时候，晚上谁哄你睡觉？

她： 没有人哄我们睡觉。我们自己哄自己。

我： 所有小孩在一定年纪时晚上都会害怕。你还记得晚上害怕的时候吗？

她： 记得，我会害怕。我会用被子盖住头，或去我妹妹的房间。如果她害怕的话，她会到我的房间。有时候我们会一起在房间里瞎逛，没有人会阻止我们，感觉就像我们在做一些不应该做的事情，所以我们觉得很有趣。我很怀念和妹妹在一起的那些时光，现在我们不再说话了。几年前，我和父母闹翻了，因为我嫁给了他们不喜欢的人。我想是因为我丈夫不属于我们这个"阶级"。我丈夫没有读过大学，也不会聊我父母喜欢聊的事情。对于我父母的自吹自擂，他也无动于衷。

我： 你觉得你的丈夫怎么样？

她： 呃，就像我说过的，他很棒，我爱他。他对我喜欢的事情不感兴趣，这确实让我感到困扰。我想是因为他对我的父母印象一般，所以有时候让我觉得他可能对我的印象也一般。要知道，我习惯别人重视我。

我： 在你小时候，你的父母看上去恩爱吗？

她： 我想这得取决于你怎么定义"恩爱"。我是说，他们始终相敬如宾，但没有真正的感情。我从未见过他们吵架，他们似乎过着各自的生活。我的丈夫抱怨我不够热情，而我认为我很热情，只是不肉麻。我有时喜欢这样，但有时却感到困扰。但我得说，我和我丈夫的感情比我的父母要奔放多了。

我： 在你小时候，如果你生病了，谁照顾你？

她： 我不记得我生病的经历。我想是某位管家吧。我实在记不起来了，我对这种经历感到有点陌生。

我： 所以如果你生病了，某位管家会拿药给你，是吗？

她： 让我想一想。我想是我的母亲带我去看病。

我： 好，但是你生病的时候，她会陪你吗？会躺在你身边、给你读书、陪你看电视吗？

她： 不会，从来没有。我不太记得生病的时候，因为我总得去上学。如果我生病在家，我肯定就得一个人待着。现在，如果我生病了，我不喜欢有人过于操心，这让我很烦。我只喜欢一个人待着。我喜欢独处，不喜欢被打扰。我也喜欢保持独

立。我的丈夫在不打扰我方面做得很好，但他时不时需要支

持，这真的会引爆我的情绪。我不太擅长处理这种需求。

我： 你和丈夫怎么处理争吵？

她： 争吵？我们不争吵，至少我不。我讨厌争吵，讨厌任何形式

的冲突。我想要尽快摆脱冲突，或者直接置之不理。我想我

的处理方式就是退出冲突。我丈夫对此恨之入骨。我想赶紧

了结此事，继续前行。人生苦短，该关注那些重要的事情。

浪型

现在说说浪型的人。他们像海浪一样涌上来，又退回去。浪型的人与岛型的人一样，极其关注自身，但他们采取的方式不同。他们的需求与金钱、权力、美貌、青春或智力无关，而与情绪调节有关。他们几乎需要与外部的人或物一直保持联系，并从中获得安慰。岛型的人会离开伴侣，安抚自己，而浪型的人则会靠近伴侣，向对方倾诉，以平静下来。

浪型的养成

浪型父母总是反复无常，而且经常不顾孩子——要么心思不在，要么心事重重，或者经常突然对孩子的需求感到沮丧。另外，他们往往不擅长自我调节。浪型父母时而期望孩子需要或想要和他们保持亲密，时而因为孩子黏人而感到不知所措，并将孩子推开，故而有时让孩子觉得自己被爱护或被需要，有时又让他们觉得自己遭到拒绝或惩

罚，自己是个负担。浪型父母经常因为孩子一直有活力、可爱、依赖他们而奖励孩子，他们不鼓励分离和独立。因此，浪型成年人可能觉得自己没有资格得到自己想要的东西，或者他们还没有做好准备。他们预感自己会失望，会被拒绝、惩罚或遗弃，所以他们缺乏自信，而且负担过重。

浪型的人就像他们的父母一样，有时会被作为成年人的责任压垮，会因为从未获得真正的支持而生气。他们还在依赖、等待，觉得自己是在用自主权换取虚假的安全感。

此外，在和解期（rapprochement）这个关键的成长阶段，儿童有着强烈的矛盾心理，因为发现照料者不够完美，他们的沮丧和愤怒到达顶点。他们通常会通过哭泣来寻求帮助，并且有时会拒绝和惩罚照料者。浪型父母自己就对拒绝、退缩和惩罚十分熟悉，他们可能会不由自主地以退缩并惩罚孩子作为回应，从而强化了这种交流。

浪型的人与他人交流的方式

浪型的人与岛型的人不一样，后者往往避免靠近伴侣，也只能容忍短暂的亲密接触，而前者热切地想要接近伴侣，并热爱与伴侣长期保持接触。此外，岛型的人不喜欢大肆谈论关系，浪型的人则热衷于此。事实上，浪型的人常常通过与他人交谈，让自己获得平静。对大多数浪型的人来说，沉默可能成为问题。

浪型的人往往是消极的，他们的消极表明他们既对某些事物怀着强烈的渴望，又对希望的破灭怀着同样强烈的恐惧。浪型的人曾在童年时被"耍得团团转"，他们在与至少一位照料者的互动中反复经历着"过来，走开"。在察觉到"过来"的线索时，他们有时收获温暖与爱作为回报，而有时却只能得到沮丧、拒绝和遗弃。浪型儿童常常觉得照料者出尔反尔、不可靠，他们在与照料者分离后重聚时会表现出愤怒和抗拒。浪型的人通常会自动预测损失，这时他们会本能地拒绝和惩罚。因此，他们的消极是在预感到失望、损失或遗弃时将身边的人推开的本能。在某种意义上，他们对希望过敏。[4] 他们一旦有所希望——希望重新团聚、受到表扬、得到安抚等，他们就感到恐惧、焦虑甚至愤怒。

浪型的人在得到想要的东西时，常常是最矛盾的，这源于他们过往未解决的发展危机。锚型的人学会接受世界是灰的，万事万物都有好有坏，而浪型的人的眼中非黑即白，这让他们难以做出重要决定。他们一直犹豫不决，回避做决定，这让他们感到无力，并往往把失去掌控感归咎于伴侣，对伴侣发火。这就像岛型的人的借口：因为伴侣不能接受他们本来的样子，所以他们才会行事遮遮掩掩、隐忍克制。

浪型的人如何恢复内心的平静与平衡

自我调节是一种管理自己的情绪和生理状态，并调节对环境的反应的能力。我们不是生来就拥有这种能力。这不仅是一种自我管理的重要策略，也是一种与他人维持关系的重要策略。自我调节是唯一一种约束、限制性的策略。如果没有自我调节的能力，我们将只会冲动行事，咄咄逼人，甚至成为脱缰之马。自我调节大约在出生后

10 ～ 12 个月出现，并根据不同环境而发展。浪型的人往往难以进行自我调节。作为替代，他们会过于依赖外部资源来进行调节。外部调节是一种正常策略，自出生起就已经存在。由于缺乏内部机制，我们在婴儿时期依靠照料者进行外部调节，我们的照料者从外部管理我们的交流、内心状态、睡眠周期、体温、平衡感等一切。外部调节会持续到成年，并且依然是一种正常调节策略。例如，你在教室中向老师学习时，就是在接受老师对你进行的外部调节。你也可能在心烦意乱时致电朋友，让朋友帮你恢复平静。

浪型的状态转换

从互动到不互动＝困难

从不互动到互动＝简单

岛型的人在依赖自动调节时，会遇到关系问题，而浪型的人则会在外部调节缺席时遇到关系问题。外部调节虽然需要与他人进行互动，但仍是单方面的，缺少同时性。如果伴侣期望双方有来有往，一方依赖外部调节就会给他们带来过重的负担。岛型的人有时候需要持续接受外部调节，该特征常见于依赖性的个体。这种自我照顾策略看起来注重关系，但其实与岛型不协同、不合作的调节风格相似。它只为自己服务。

浪型的人以自己为前提注重关系

浪型的人喜欢照顾别人。他们喜欢他人在身边，而且善于从多个角度进行观察。在这方面，岛型和浪型的人有一些重要的共同之处：他们都倾向于从单人系统的角度进行思考，以自我为中心，自命不凡，凌驾于公平和公正之上。浪型的人的外部调节可能表现为过度关心朋友，熬夜提供帮助，但也可能表现出相反的情况，处于痛苦之中的浪型的人会尽一切可能给每个人打电话，想要得到帮助。浪型的人往往会过度表现自己的情绪，并夸张地表达他们的观点。岛型的人更倾向于进行直线思考，讲究逻辑，而浪型的人则不同，他们的思考往往不是直线型，而是情绪化的，而且他们试图理解和交流情绪的内涵而非逻辑。

浪型和冲突

我们来看一看困境中的浪型的人。在三种主要的联结状态或特征中，浪型的人最有可能被伴侣视作难伺候。浪型的人在不同状态之间转换，时而觉得自己需要支持，时而怒气冲冲，时而又因为自己难搞而心中有愧。因为他们依靠外部资源来安抚自己，所以他们非常清楚他们的需求可能令人生厌。然而，他们似乎常常在寻求冲突，并且放不下不好的经历。处于困境之中时，浪型的人无意满足关系的需求，而是更关注自己的事情。与拒绝回头、不爱回忆的岛型的人不同，浪型的人总是提起过往的冲突。只有过去的不公正和伤害得到处理和补偿，他们才会向前看。

你愿意与浪型的人结婚吗？为什么不呢？浪型的人注重关系，通常非常温暖、深情、有爱、令人兴奋。如果你的浪型伴侣不知道自己的防御行为存在问题，而且也不想知道，那么你应该放弃此人。但是，如果对方能够意识到这一点，并且跟你一样清楚自己的浪型防御具有破坏性，那么你可以和他继续交往。

浪型自述

我： 跟我讲讲你的情况。

他： 嗯，这是一个宽泛的问题，我不知道从何说起。我能告诉你很多事情。我人不错，非常关心人。我很容易坠入爱河，但似乎我认识的每一个人都比我慢热。

我： 你的意思是？

他： 在我订婚之前，我很容易爱上一个人，但常常觉得得不到回应。我非常善于交际，喜欢跟人交流、交谈。而且我真的特别深情，如果我的对象不够热烈，或者比较克制，我会很抓狂。我通常比较外向，有些人不喜欢这样。我只是对人感兴趣。我很能表达自己的情感，如果你能博得我的好感，那太棒了。但如果你让我讨厌，就得小心！话说回来，我非常随和。

我： 说说你的伴侣——你的未婚妻。

他： 呃，她年纪比我稍微大一些。是不是很疯狂？当然，她非常漂亮。我认为她确实是个好人，是我认识的最好的人。她很聪明，也很成功，没有我那么外向，但很稳重。

我： 我知道你得等她，对吗？你遇见她时，她已经结婚了。

他： 是的。我没想到我们能在一起。我很没有安全感。我觉得自己真的是她"命中注定"的那个人，但我一直保持着距离。我不敢相信我坚持了近两年。好在她的离婚完成了，现在我们要结婚了。

我： 那么现在没有压力了。

他： 呃，我想我是得到她了，但她仍然跟前夫保持联系，因为他们有一个女儿。我不喜欢这样，希望他消失。这样想是不是很坏？［大笑］其实我知道这是不对的。

我： 我可以问你一些关于童年的问题吗？

他： 问吧。

我： 在你小时候，如果你生病了，谁照顾你？

他： 当然是我的母亲。当我生病时，她确实对我最好，这时她最为亲切。我觉得她真的很喜欢我生病在家，和她待在一起。我们一起看电视节目，她会按摩我的后背。直到今天，我还是很喜欢这样，并试图让我的每位伴侣都为我按摩后背。无论如何，那些时光是我最美好的回忆。可惜她并不总是那样。在我生病或受伤时，她特别体贴周到，但在其他时候，她很暴躁，容易生气。她经常像个小孩一样。大多数时候，我觉得自己像个家长。父亲不在家时，我就在她的房间里和她一起看电视，因为她觉得孤单。她经常哭，而且抑郁。我出生没多久，她就失去了母亲。父亲经常因为工作需要出差。母亲会经常向我抱怨他们的个人生活。

我： 在你小时候，当你烦恼时，你的父母会做些什么？

他： 呃，这取决于我的父母心情是否愉快。我的母亲绝对不能容忍我向她发泄情绪。她要么会哭，让我照顾她；要么会生气，惩罚我，几个小时不跟我说话，直到我找她和好。这真的让我火大。我的父亲只会把我交给母亲。他帮不上忙，又生性淡漠，不愿受到打扰。如果我很烦恼，还有点伤心，母亲会抱着我，安慰我，但只在心情愉悦的时候这样做。她经常专注于自己的事情和活动，而父亲又不在……呃，他们晚上经常为此吵架。

我： 在你小时候，谁会抱你、哄你、亲你？

他： 很简单，是我的母亲。就像我说的那样，她非常疼我。我的父亲也很疼我，但有选择性。父亲在向母亲表达深情之后，对我最为亲切。其他时候从不这样。至少我想不起来。

我： 在你小时候，谁哄你睡觉？

他： 我的母亲。至少大多数时候都是她。她会走进我的房间，给我盖好被子，然后按摩我的后背。我觉得很舒服，贪心地想让她继续，按摩得久一点。她最后会冲我发火，然后气呼呼地离开房间。简单说，我的母亲就是这样，非常孩子气。她会在我身边，但有时也会因为我需要她而生气。在她不知所措的时候（她经常这样），她对我没有耐心。记得有一次，她生气极了，就把车停在路边，熄了火，关上门，把我留在车里，自己在街上走着。我以为她会永远离开我，但她很快又回来了。

我： 在你小时候，父母的婚姻在你眼中是什么样的呢？他们看上去恩爱吗？

他： 我看到很多东西。我看到他们非常恩爱，也看到母亲非常努力想让父亲对她更加亲昵。有时候他做到了，有时候没做到。我认为母亲非常爱吃醋，我听到他们吵过许多次，因为父亲工作时需要跟其他女性打交道。我觉得他什么都没做，但母亲总是疑心。我想父亲有时会认为母亲太过分。我觉得她有时候是过分了。

我： 所有小孩在一定年纪时晚上都会害怕。你还记得晚上害怕的时候吗？

他： 记得。我会看见衣橱里有鬼。我真的以为我看到了鬼。我会喊母亲，通常她都会过来，让我平静下来，然后回房间。其他时候，在她回应我的呼唤时，我会去他们的房间。母亲有时很亲切、很暖心，有时却很生气、很沮丧，并让父亲把我送回床上。

我： 在你小时候，如果母亲生气，会很久才消气吗？

他： 有时候是这样。她有时因为我说的话而感到很难过或很受伤，会直接走开。在我难过时，她也会难过，让自己成为关注的焦点。我十几岁时就认为她是个婴儿，也失去了对她的尊重。

直到今天，她还会因为我不给她打电话而生气，并且也不给我打电话，以此来惩罚我。她会说一些风凉话，如"只有你会吗？我也会。"一开始她这么说的时候，我不理解她的意思。后来才知道，这是她在察觉我的行为之后，用这种方式对我进行反击。我想起来，我经常对我的未婚妻这么做。这让她很生气，就像母亲惹我生气一样。我对于遭到拒绝或遗忘非常敏感。我有时会试探未婚妻，想知道她是否真的爱我。我知道这么做不公平，但有时候我就是忍不住。不管我们多亲密，我仍然觉得没有保障，我仍然在提心吊胆地等待新的打击。天哪，我觉得我就是非常需要支持。当一天结束，再见到对方的时候，我们经常吵架。我离开她一整天之后，会很想她。为了感受我们之间的联结，我以前经常打电话，但这让她深受困扰。不过，一旦我们见了面，我就会觉得她变得烦躁，想要退缩，好像我期望如此。如果我们没有吵架，我会挑起争吵，以此重新建立联结。好像我不想让事情走到尽头。

锚型

锚型的人表现出安全稳固的特征。他们往往来自关系重于一切的家庭，对关系极其投入，渴望促成双赢局面，并且通常更能调整自己，以越过遇到的所有障碍。锚型的人通常都很快乐、坚韧、善于顺其自然。

锚型的养成

锚型父母注重关系的完整性，往往把关系特别是家庭关系置于首位。锚型父母都很可靠、很自主，所以他们对于依赖和独立都很宽容，不会强迫孩子走向任何一个极端。锚型父母通常都资源充足，能够为孩子提供情感支持，因此亲子关系亲密，不存在专横和索取，也不会让孩子产生羞耻感和内疚感。他们善于对自己的情绪和自尊进行自我调节，故而不会明里暗里要求孩子进行外部调节。锚型父母往往对良好的行为、合作、学业成就、组织性和目标达成抱有很高的期望，也为孩子实现这些期望提供了大力支持。在锚型家庭里，表现和外表不如关系完整与和谐重要。这些家庭相当稳固，父母往往能够很好地管理对方。他们以身作则，在孩子面前展示他们的关系技巧。这些父母会坦承他们的冲突，也会公开、及时地消除误会，弥补伤害。稳固而自主的家庭也往往感情深厚，沟通频繁，成员既善于表达自己，又能对其他成员感同身受。

锚型的人与他人交流的方式

与浪型和岛型的人相比，锚型的人在交流时会主动表现出面对面的眼神交流和肌肤接触。他们倾向于依赖互动调节，即共同调节或互相调节。在进行互动调节时，伴侣双方会快速地、下意识地管理对方的神经生物学状态。例如，如果伴侣一方开始表现出困扰迹象，另一方会注意到并做出回应。这种双向回应同时、无缝发生，好像所有错误与过失都很快得到了纠正。

在婴幼儿阶段，婴儿与其照料者开始通过外部调节来对情绪状态进行管理。然而，随着管理继续进行，婴儿和照料者会极为投入，似乎自发地、有商有量地进行互动调节，与成人之间的互动一样。与浪型或岛型伴侣相比，锚型伴侣之间对于各种积极和消极情绪的互动调节更为频繁、流畅。

锚型的人如何恢复内心的平静与平衡

前文说过，岛型的人过度依赖自动调节——一种自我刺激和自我安抚策略，不需要他人就能进行。浪型过度使用外部调节，每次只能进行单向调节，缺乏同时性。后者更类似人们以为的"相互依赖"。自我调节是成人进行共同调节的前提条件，让人能够控制冲动，管理挫败感，在压力之下也能参与社交。良好的自我调节和适当的互相调节是锚型的标志性特点。

锚型的状态转换

从互动到不互动＝简单

从不互动到互动＝简单

锚型的人以关系和依恋为中心

锚型的人往往与他人更为和谐。无论教育背景如何，他们在社交与情感方面都相当聪明，而且颇为随和。他们往往能够与各种各样性格各异的人相处融洽。他们更能接受人与人之间的差异。他们更好奇，更专注，也更关心他人。也许他们最突出的特点是他们渴望与他人进行合作与协同，也更理解依恋的价值。锚型的人生来就更愿意给伴侣安全感，也同样期待能够得到相同的回报。他们通过各种方式合理享有自我权利，这些权利包括寻求与他人适当的、相互的关系，追求学业、事业和兴趣爱好方面的进步，并不断成长为日益复杂的人。他们不会轻易放弃对自己有利的人和活动，但这并不意味着他们不敢回绝那些对自己有害，或者与他们的价值观和原则相悖的人、事或物。

　　锚型的人并不完美，他们毕竟是人。他们可能相当像浪型或岛型的人，但锚型是他们的底色，决定着他们的关系价值观，使他们始终拥有新鲜的心理洞察力，为人诚实、直率，并且具备合作与协同精神。与浪型和岛型的人不同，锚型的人在建立稳定的伴侣关系之后通常能够产生安全感。他们不会因为害怕被遗弃或吞噬而停滞不前，更有可能与伴侣互相促进、互相支持、自在行动。他们往往更能理解自己的行为可能给关系带来怎样的痛苦，也准备在感情受伤或发现不公时进行修复。锚型的人能够从关系中获得力量，也能够从与伴侣共同应对生活的重重挑战中汲取力量。锚型享受亲密和身体接触，尽管如此，当他们与伴侣分开时，他们仍然对自己和这段关系感到安心。

锚型与冲突

　　锚型的人比岛型和浪型的人更善于处理冲突。岛型的人容易退缩，浪型的人喜欢黏人，而锚型的人致力于以双方都能接受并满意的方式解决冲突和应对困境。他们通过这种方式保护自己的伴侣泡泡。作为团队的一员，他们与伴侣合力向前进，不会为了满足自身需求而牺牲对方。

你应该与锚型的人结婚吗？如果你在寻求安全与保障，寻求一段互相欣赏、互相尊重的关系，寻求在逆境中依然陪在身边的人，那么与锚型的人结婚吧！锚型的人可以成为绝佳伴侣。但请记住，锚型也有问题。每个人都有烦人之处，每种关系都很麻烦。话虽这么说，锚型的人并没有背负太多依赖型关系的记忆和恐惧。有相似性的人才会互相吸引。如果你处在不安全者阵营中，那么你可能发现自己已经意识到不安全者的脆弱。不管是黏人还是回避的不安全者，在适应一段关系时最根本的恐惧是遭到遗弃。锚型的人也有对被遗弃和吞噬的恐惧，但他们不像浪型或岛型的人那么容易受恐惧支配。

现在说说锚型真正的优势。稳固原则对于成人依恋关系至关重要。该原则假定双方的利益、权力和影响力对等，也假定双方都是成人，能够理解为了生存与发展，必须遵守秩序、进行合作与协同，并始终互相尊敬、高度重视对方、保持忠诚。在稳固的关系中，伴侣双方的命运和未来是紧密相连的。你不需要完美，只需要足够好。对于关系来说，足够好即是完美。事实上，处于稳固关系的伴侣非常有可能在相对短暂的时间里相互促进，共同打造出"锚型文化"。

锚型自述

我： 跟我讲讲你的情况。

他： 让我想想。我今年 58 岁，已婚，两个孩子均已成年。我是一名政治学教授，在新英格兰地区的一所著名大学任职。我还是华盛顿特区某政府智囊团成员，提供咨询服务。是的，我热爱我的工作。

我： 我可以问你一些关于童年的问题吗？

他： 当然，请问。

我： 在你小时候，12 岁以前，谁会抱你、哄你、亲你？

他： 我记得在我小时候，我的父母都非常疼爱我。他们现在仍然如此。我最美好的回忆是母亲把我抱在腿上，挠我的后背。我很喜欢那种感觉，现在也经常让我的妻子这么做。[大笑] 母亲会看着我，眼里闪烁着光芒，然后给我一个吻。我的父亲经常搂着我。我记得这些，我还记得他把我放在他的肩上。突然想起来，他也会把我抱在腿上，跟我一起看电视。

我： 你们看什么节目？

他： 西部片。我们会看《伯南扎的牛仔》《来福枪手》这一类电视剧。我能记得爆米花，记得那些电视剧，也记得我的父亲。

我： 在你小时候，哪位大人陪你玩——只跟你玩？

他： 父亲跟我在后院玩接球游戏，我喜欢跟他一起玩。母亲教我打金拉米纸牌。我也跟祖父玩金拉米。我会和父亲两人去钓鱼和露营，一起度过特别的时光。我也和母亲共度特别的时光，我们会去看电影或开车去海滩。

我： 你小时候经常待在父母身边吗？

他： 我的父母都需要工作谋生，我们并不富裕，属于中低产阶级家庭。但我们拥有彼此。我的哥哥和我总是期待夜晚来临，我们会坐在餐桌旁谈论一天的生活。有时父母会展望未来，讨论应该如何取得成就。有时父亲会说："这不仅关于我和你们的母亲，我们都必须团结在一起。"我记得我能感觉到并且相信我的父母彼此相爱。几乎每天晚上，每个周末，我们都会开车去某个地方，比如海滩。我一直以为他们是为了哥哥和我才这么做，但是后来我发现他们喜欢作为夫妻、作为一家人一起做这些事情。

我： 在你小时候，父母的婚姻在你眼中是什么样的呢？他们看上去恩爱吗？

他： 在我眼中？是的，他们彼此相爱，相互尊重。我从父母身上学到了很多关于如何团队合作的知识。我记得他们会吵架，甚至冲对方大喊大叫，但他们总是会立刻和好，而且双方都会承认是自己做错了事而引发了争吵。

我： 当你生气时，父母的反应如何？

他： 我和母亲之间会发生与父母之间相同的事情。我记得小时候生她气的经历。有时候她也会生我的气，但大多数时候，她会听我把话说完。然后，她会说些话让我开心，即使那些并不是我想听到的。我小时候生气时，父亲会在车库一边干活，一边听我说话。哥哥和我有时会吵架，父母会劝我们和好。当时我很讨厌这样，但现在我认为这是他们能做的最伟大的事情。

我： 在你小时候，他们会关注和期待你的表现吗？

他： 父母期望我和哥哥能够力争上游。他们也会支持我们，坐下来帮我们寻找问题的解决方案。如果我们失败了，例如在学业上或少年棒球联盟的比赛中表现不好，他们也不会批评我们。父母期待我能表现优异，但我知道相比之下，他们更注重我们之间的关系。父亲会说："我希望你能够对自己充满信心，获得成就感。不是为了我们，而是为了自己。"他和母亲都很努力工作，从不抱怨。他们认为大多数人都是好人，只有少数歪瓜裂枣。

我： 在你小时候，你是否觉得父母似乎真的能看穿你，看出真实的你？

他： 我一直觉得我的父母真的能够看穿我。我逃避或说谎时，母亲总能看出来。她会对我微笑，看着我的眼睛，我就知道我被抓了现行。我在十几岁时很讨厌这一点，但我逐渐开始珍视她理解我的能力。有时我以为父亲没有注意到我，他常常忙着自己的工作和爱好。我曾抱怨父亲太冷淡，但我后来才明白那是他的方式。我知道他爱我，而且我知道他像母亲一样了解我。我听到过他们彼此谈论我们，有点像在告诉对方最新消息。

　　我见过父母大笑、挣扎、生气、哭泣，但我从未觉得我需要担心他们。他们似乎真的关系不错，我也从他们身上学到很多——如何求同存异以及如何去爱。我想这就是我与米茜的婚姻如此美满的原因。很简单，我们就像父母一样，吵架、哭泣、拉扯、大笑，但是关系的稳固性从来不是问题。现在我们有两个孩子，我们经常做我的父母当年和我做过的事情。我记得父亲会给我讲的睡前故事，记得母亲会在家里唱的歌，也记得我们大家会一起玩的游戏。是否一切都很完美？不，还差很远。但他们教会我如何面对这个世界，以及如何去爱。

你属于岛型、浪型还是锚型

如果你和伴侣都认为你大多数时候愿意合作与协同，有幽默感，如果你通常遵守公平、公正和体贴的原则，如果你把关系视为你的最高价值，那么你很可能属于锚型。请记住，锚型的人可能表现得像浪型或岛型的人，但他们也具备我刚才描述的全部特征。如欲了解详情，你们可以与训练有素的访谈员进行成人依恋访谈（AAI），并请可靠的AAI编码员对访谈进行编码和解释。[5]

除非你是依恋关系迷，否则无须执行此最后一步。本章的目的在于帮助你们应对关系，并为你提供一些关于管理自己和伴侣的建议。这些材料绝不能像精神障碍诊断标准一样用于诊断自己或伴侣，不能用于贬低、蔑视或攻击自己或伴侣，你也不应因为断定自己属于锚型而扬扬得意。每个人都很复杂，难以被完全了解。锚型、岛型和浪型都是概念而不是真实的人。你可以借助这些材料以理解自己和伴侣，而不能用它们来指责、批评或硬性分类。整个依恋问题只是关系之谜的一小部分。人类关系中的内容远远不止依恋。

创伤或损失的遗留问题

过往的创伤或损失会影响人的感受和行为，但不适用于岛、锚、浪这个航海主题。创伤或损失未得到处理和消解，会给系统带来其他挑战，这些挑战比不安全依恋要复杂得多。整体来说，过往的创伤或损失会导致依恋学者所谓的混乱（disorganization）或定向障碍（disorientation）。你可以属于混乱的锚型、岛型或浪型。

每个人都在生活中遭受过损失或某种创伤。有些损失或创伤发生在童年早期大脑发育阶段。真正的问题不是损失或创伤事件，而是经历此类事件的个体无法向安全或体贴的成人寻求帮助，无法得到他们的及时回应，帮助他们调节对这段经历的感受。儿童（及儿童的大脑）被放任自流，只能自行适应这段剧烈的经历。这就是遗留问题的成因，而这些未得到消解的伤害会影响进一步的发展，特别是在安全感方面。

浪型和岛型的人遭遇过不同类型的人际或关系创伤。例如，浪型经历过成人的反复无常、拒绝、退缩与惩罚。但在其他时候，浪型得到了许多爱与关怀。因此，浪型成年人可能对退缩或拒绝的任何迹象都格外敏感，而遗弃成为他们最大的恐惧之一。岛型可能常常受到忽视，或持续承受压力，必须表现出特定的样子。岛型通常是被批评和攻击的对象。难怪他们对于受到攻击或批评高度敏感。

尽管如此，岛型和浪型的家庭背景和其父母的育儿方式都是意料之中的，并且他们未来的行为也可以预见。但有些个体由于童年早期遗留的创伤或损失而出现混乱状态，他们的情况不可预见。不安全者接受的是冷落式育儿，混乱者则可能在年轻时接受过恐吓式育儿或遭遇过可怕的经历。[6]

我想提醒读者注意，不要过于认同我所描述的内容。我们很容易对自己的童年展开各种想象。请记住我对大脑的描述：它会胡编乱造，特别是在回忆和真实经历缺失的时候。不要去寻找实际上没有发生的事情。我们所有人都有一些遗留问题，它们会在被意外触发时突然浮现。我们都有过一些我们未曾想通或发泄悲伤的经历，这些不是我要谈论的内容。

我们为人所伤，也被人治愈。如果你早期经历过创伤或损失，那么有必要向这些领域的专家寻求帮助。伴侣也许不是合适的求助对象。不过，在许多案例里，伴侣双方都经历过创伤或损失，他们与对方争斗，希望建立稳固的关系。处理大量遗留问题不一定意味着无法建立稳固的关系，实际情况恰恰相反。然而，要想关系取得成功，你得了解伴侣或自己过去的难题。

那些难题是什么

有大量创伤遗留问题的人比其他人更有可能对环境中的威胁线索做出反应。这些线索来自有威胁性的面部表情、动作、手势、声调以及危险用语。他们对威胁线索高度警觉并且高度敏感，这可能会让他们的关系更加棘手。如果伴侣双方都有遗留问题，敏感程度会加倍，而且会破坏这对伴侣的安全感。

30 多岁的弗兰基与快到 30 岁的玛格丽特已经订婚。弗兰基在小时候（5～9 岁期间）曾经被一个叔叔猥亵。没有人可以帮他，所以他从未告诉任何人。玛格丽特抱怨道，当她伸手抚摸弗兰基时，对方常常身体变僵。弗兰基会迅速抽身撤离，并改变话题和关注的焦点。玛格丽特还抱怨他们在性生活方面遇到麻烦。弗兰基则抱怨玛格丽特不尊重自己的"空间"，并说她性欲亢进。弗兰基有很强的羞耻感，所以在面对玛格丽特时难以启齿。不仅如此，因为他回避那段过往经历，所以他并不理解自己的行为。弗兰基几乎一直对与玛格丽特的亲近感到恐惧和焦虑，特别是对身体接触，再加上他担心玛格丽特悔婚，于是来寻求伴侣关系治疗。如果弗兰基能和玛格丽特一起度过这段早年创伤，他们双方都将从中获益。还有更多其他经历仍然未得到处理，如弗兰基觉得从未受到父母任何一方的保护，并且一直担心会成为受害者。

谢丽尔和乔迪都 40 多岁，他们即将结婚。谢丽尔抱怨乔迪从不关注也从不记得重要的事情。谢丽尔认为乔迪要么有记忆障碍，要么只是不在意这段关系才不去关注这些，这在某种程度上触及了雷区。在他们来进行伴侣关系咨询时，我们做了一些短期记忆测试。我们都发现乔迪的记性很好，也非常关心谢丽尔，但他觉得自己总是受到谢丽尔的攻击，因为谢丽尔经常抱怨他健忘。有趣的是，谢丽尔在记忆测试中表现不佳，但原因不在于她的记性。她有很多与幼年时期被遗弃相关的创伤遗留问题。每次谢丽尔察觉乔迪出现任何程度的退缩，都会错误地评估乔迪的想法、感觉和意图。她还会记错事件。

作为生物，我们都需要适应环境。我们无法选择我们出生的家庭，我们为了生存而必须适应。这是天性，本质上并没有好坏、对错之分，也没有健康与否之别。我们的印象是主观的，并且基于过往的经历和感知。具有极其重大的历史遗留问题的个人也得适应他们的环境。然而，适应得越早，大脑和身体在细胞和基因层面受到的影响就越大。如果无法在他人的帮助下应对那段经历，大脑和身体将经历更多的变化。因此，人格、感知和重要的大脑功能（如记忆、现实检验和纠错）都会受损，发生改变。

重大的创伤或损失遗留问题的征兆和症状通常如下（非完整清单）。

- 慢性解离
- 偏执
- 过度警觉
- 严重的混乱或定向障碍发作
- 快速转换到兴奋过度或兴奋不足，或二者兼而有之的状态
- 崩溃、静止、昏厥、失去时间感
- 从痛苦状态中恢复不良
- 现实感丧失
- 去人格化

再说一遍，阅读这个清单时请务必小心，不要用我提供的材料诊断自己或伴侣。如果你或伴侣认为你们中的一方或双方存在我所描述的情况，请向专业人士寻求帮助，确定是否真的存在问题。否则无须过度关注这些问题，你只需要更好地了解过往创伤如何影响他人。

请勿将这些内容当作打击伴侣的武器。本节的目的不是给任何人贴标签。岛型、浪型、锚型以及混乱型都是对一般行为模式的描述，目的在于帮助你与他人相处，而不是相反。我所描述的一切都是概括性描述，其背后的研究更为复杂和细致。这些内容只是研究人类的一种方式，旨在帮助你了解人类群体。这本书的主要目的是帮助你和你的伴侣区分病理性倾向和正常、自然的人类倾向。

你最早的关系是怎样的

我们的主要浪漫依恋关系与别的关系有着天壤之别，除了与照料者建立的最早关系。想一想你在 12 岁之前曾有过的照料者。为什么？因为 12 岁之后我们进入青春期。我们在 10 ～ 12 岁之间经历大脑"升级"，世界在我们眼中发生了变化。我们开始更关注同龄人，更了解我们周围的文化，如衣服和音乐。13 ～ 15 岁，我们进入严格意义上的青春期，大脑进一步升级，经历新一轮的挑战，这些挑战与我们在三四岁和七八岁时经历的挑战极为类似。青春期骚动的原因不是我们通常指责的激素。激素确实影响青少年的身体，但大脑发育不平衡是大多数青春期行为和情感骚乱的根源。

依恋是一个帮助我们了解主要依恋关系中的可能感受和行为的良好模型。重点是要记住，依恋理论与所有理论模型一样，是有缺陷的，并且它（最初）并非为成年伴侣而开发的。不过，它是为"最初"那一对伴侣（婴儿与照料者）而开发的，所以对于成年伴侣仍然适用。请记住，依恋在整个生命历程中会不断发生变化，它很容易受到影响。伴侣双方可以互相影响，建立安全型依恋，相反的情况也可能发生。

请记住，依恋只与我们最主要关系中的安全与保障相关。这些关系中的期望类似于我们最初的那些期望，以及我们关于依赖的记忆（不论好坏），这是你无法左右的。在使用不安全这个词时，我们指的是对于依赖及其内涵仍存在一些恐惧或忧虑。它代表了我们将如何寻求与伴侣的接近，能容忍怎样的身体和情感接触，如何处理冲突与分歧，以及如何看待对等性、相互性与公正性。不安全型依恋也会影响我们在爱与性欲方面的体验与行为。（我们将在第 8 章中介绍性行为。）

你和伴侣该如何知道自己属于岛型、锚型还是浪型？在遭遇遗弃、拒绝、蔑视、侵扰和对自主性的威胁等时，通过判断你们对恐惧的反应有多强烈、多持久，就能知道自己属于哪一类型。但请记住，任何事物之间都是相互联系的，没有人独自存在。如果你是岛型的人，却遇到更严重的岛型的人，那么你就会像浪型的人一样行事。如果你是浪型的人，而伴侣是比你更强劲的浪型的人，那么你就会表现得像一个岛型的人。如果你是像岛型或浪型的人的安全者，而你的伴侣是岛型的人，那么你内心的浪型就会表现得更强劲。

第 6 章

你们了解对方吗

你们互相照顾，因此双方都有责任既了解自己也了解对方，也许需要比了解自己还要了解对方。你的伴侣比你生活中的其他人都更了解你吗？你又有多了解你的伴侣呢？

几年前，我在一本书中讨论过所谓的伪稳固伴侣。他们看似神仙眷侣，关系稳固，但这只是表面现象。实际上，他们彼此很陌生。这些伴侣中，有许多已经在一起生活了数十年。其中一些会因为一个惊人的秘密浮出水面而前来咨询，这个秘密可能是长达数年的几桩风流韵事、另一段关系甚至另一个家庭的存在、一个秘密的海外账户，或者其他重磅事件。

让我惊讶的是，伴侣双方似乎彼此之间毫不了解。我在一个小时内了解到的事情比他们经过 30 年知道的还要多。这怎么可能？绝大多数情况下，这是因为他们对了解真相都不感兴趣。这些伴侣们安于粗浅地了解对方，双方都满足于彼此之间的积极关系，好像他们一直停留在理想化的恋爱初期，从未进入下一个阶段。他们采取回避态度，并始终对自己和这段关系感到满意，这些掩盖了现实，直到他们发现了一个足以改变人生的秘密。

在很多亲密关系中，伴侣一方会宣称一个"陌生人"都比配偶更了解自己。怎么会这样呢？是错在配偶不够好奇吗？还是错在前者不够坦诚，不能展示真实的自己？有一些人，特别是回避型（岛型）的人，更愿意分散有关自己的信息，从不让一个人知道所有事情。另一些人则在等人找自己挖掘信息，而不会畅所欲言。

如果你们需要互相照顾，你能否胜任？你对伴侣是否了如指掌？如果不是，为什么呢？是因为你觉得没有必要吗？或者，你可能希望对方了解你，却对了解对方兴味索然。想一想你是怎样了解自己的：仅凭一己之力是无法做到的，你需要借助他人。开始真正熟悉你的伴侣吧。研究对方，关注对方。仅仅以为你了解对方并不意味着你真的了解，所以像福尔摩斯探案一样，多看、多听吧。

你们彼此般配吗

你们已经决定结婚，但你们真的般配吗？许多人会列出理想伴侣的特征，除了外表，还有思考、感受和观察世界的方式。但是，这些清单上所列的品质，不一定支持幸福、美满、长久的伴侣关系。如果你们列过清单，那么请如实回答：清单中是否包括身体特征？是否包括事业或财务方面的成功？是否包括共同的兴趣爱好？也许你们还希望对方想要（或不想要）孩子。即使你没有列过清单，也一定想过理想型应该是什么样的：金发还是黑发，高大还是娇小，苗条还是结实，外向还是内敛，有趣还是严肃，热烈还是踏实。

虽然外表、财富、抱负、信仰和个性可能对你来说很重要，但这些特征无一能保证真正幸福长久的关系。时间一长，所有这些特征都可能发生变化。如果关系不稳固，伴侣双方真的能感到幸福吗？我们来谈一谈人们结婚的普遍原因，以及其是否能经得起时间的考验。先来看一个例子。在这个例子里，双方并不般配。

邦妮和德里克都 24 岁，初婚。他们前来接受婚前咨询。双方都没有列过清单，但当我问起时，邦妮描述了她对伴侣的期待。

邦妮： 我希望对方能够体贴我，尊重我，说话和气。他必须衣着考究，举止优雅，成功有为，并且尊重我的父母。

我： 成功是什么意思？

邦妮： 成功是指我会尊重他，仰慕他。[停顿] 还有他能赚很多钱，[咯咯笑] 这也很重要。

我： 有多重要？

邦妮： 呃……[她看着德里克] 非常重要。

德里克： 她喜欢的东西都很昂贵。[他们都笑了]

我： [对邦妮] 还有别的吗？

邦妮： [看着德里克] 呃……他必须性感、帅气。[她害羞地咬着一侧嘴唇]

德里克： 我就是这样的。[他一边说着，一边滑稽地挺起胸脯。

　　　　　　二人大笑]

我： 你呢，德里克？

德里克： 呃……她必须漂亮、性感，不太聪明。[大笑] 没有啦，
　　　　只是开个玩笑。她得独立，因为我不喜欢对方黏人。她
　　　　还得忠诚，一直与我亲近。

我： 这是什么意思？

德里克： 我不希望她跟朋友出去，只有我可以跟朋友出去。我希
　　　　望她和我待在家里，而不是围着别的男人。她太性感了。

邦妮： [佯装生气] 什么？我可不是那个偷腥的人！[对我] 他在
　　　　我们订婚前后都出过轨。他跟很多人都有过亲密关系，可
　　　　以说给你听听。

我： [对德里克] 是真的吗？

德里克： 千真万确。但那时我还不够成熟，而她在忙着开拓业务。
　　　　我身边有很多漂亮姑娘。我能说什么呢？我是个坏小子。
　　　　但是她亲了别人，也不告诉我是谁。问她吧。

邦妮： 你真是条可怜虫，德里克。你就是个讨厌女性的人。我不
　　　　敢相信我竟然要嫁给你。[她双臂交叉，微笑着转身离去。
　　　　德里克也在微笑]

　　我想你能看出症结所在了。你心中是不是警铃大作？他们的问题
不小，有一些原因，出轨只是其中之一。双方走到一起的原因聚焦于
一些难以维系的想法，双方都没有采取关系的视角。他们所说的都是

自己的需求，而与性格、道德判断或任何形式的互利原则无关。而且双方似乎都没有意识到，他们自身的行为对这段关系或对方的幸福会产生怎样的影响。

邦妮希望对方尊重自己，但在跟德里克说话时却毫不客气，体贴和尊重好像被抛到一边，与她的行为无关。德里克希望对方保持忠诚，但自己不忠时却不知悔改。他因为邦妮独立而选择了她，却不管自己在哪儿，都坚持让她待在家里。真正让我担心的是，他们对自己的立场似乎毫不在乎。对于信任、独立、相互关系等真正应该在意的问题，他们似乎一笑而过。不过我知道，他们在内心深处对于此类基本分歧很在意。

如果你认为以他们的年纪，采取这种态度是正常的，那么来看看以下例子。玛拉和皮特也都 24 岁，初婚。他们前来进行婚前咨询。

玛拉： 我希望对方道德高尚，在大多数情况下我可以相信他能做对的事情。我认为皮特和我拥有相同的价值观和世界观，这让我惊喜不已。我在这一方面的标准非常高。我希望对方注重关系，能把婚姻看作头等大事。我在父母身上看到了这一点，并且始终希望我和伴侣也能做到。我常常想，我们将来会如何与家人和孩子一起生活。

皮特： 是的，我同意。玛拉和我都不信教，我们双方都没有很强的宗教背景，但我们都注重仪式。我们乐于助人，哪怕我们的方式有所不同。我们经常谈论这些。我们俩希望组成

团队，共同生活。我们合作默契，善待朋友和家人。人们
喜欢我们，想和我们待在一起。我们都引以为豪。

玛拉： 我们已经成了最好的朋友。我们在事业和其他方面互相帮
助。我们是平等的，这让我们觉得特别好。我们真的很会
照顾对方。

皮特： 是的，我们互相保护。如果想成为一对儿，你就得这么做。

他们说得太好了。这次，你们的脑海里应该不会响起警铃。双方
都在谈论个人原则和共同原则，以及对关系及其未来的共同愿景。尽
管他们只有 24 岁，但他们的话听起来比许多年长的伴侣更成熟。确
实，他们的原生家庭为他们树立了良好的榜样，他们已经建立了稳固
的关系。所以我们能够预测，他们会有美好的未来。

如果不能感到安全、稳固，你可能会问自己：在一起意义何在？
你和伴侣缘何走到一起？你们能为对方做哪些你们无法花钱让人做的
事情？如果你们把你们二人视作可以为彼此遮风挡雨的生存团队，那
么这支团队强大吗？你们能承受怎样的风雨？你们准备好面对各种情
况了吗？

为什么要结婚

结婚的理由可能五花八门。有些理由不利于婚姻的长久与成功。
我将从稳固关系的角度逐个探讨人们结婚的普遍原因，包括以下几条。

• "我爱他 / 她。"

- "我们有很多共同之处。"
- "我们充满激情。"
- "我一直想要生儿育女。"
- "我就要老了，如果现在不结婚，要等到什么时候？"
- "我希望能建立一段关系，帮助彼此生存和发展。"

我爱他 / 她

向伴侣表达爱意是件好事，但当你说"我爱你"时，你实际上想表达什么？"爱"对你来说意味着什么？如果你的伴侣来自火星，你将如何解释你的意思？把它掰开、揉碎了，具体讲讲。对你和伴侣来说，爱是不是感到满足、激动、欣喜若狂的体验？爱是一时的迷恋吗？爱是一种概念，还是特指对某个人的感情？你所感受到的爱是源于对真实的伴侣的尊重、真心仰慕和绝对信任吗？换句话说，是伴侣的行为赢得了你的爱吗？爱像许多单词一样，如果没有明确对象，没有细节支撑，没有例子证明，没有经过深思熟虑的解释，就毫无意义。

爱是什么

与伴侣认真谈谈爱对你们意味着什么。谈话时请面对面，并进行眼神交流。每个人就下列提示进行回应，并像鹰一样盯着对方。

- 假装你的伴侣是一名外星来客。让对方了解什么是爱、什么不是爱。

- 向伴侣解释你为什么爱对方，并具体一点。不要闪烁其词，不要敷衍了事，也不要泛泛而谈，或者说些伴侣爱听的话。

我们有很多共同之处

伴侣之间通常都有许多相似之处。我们的结婚对象往往也具备一些我们自己、父母、朋友或前任的特征。没错，"异性相吸"，但并非所有层面都是如此。我完全同意伴侣关系治疗师哈维尔·亨德里克斯的观点：我们都是因为认可对方、熟悉对方才选择对方。[1]过于熟悉容易令人厌倦，但太过陌生则会带来"乡愁"。以我的经验，这两个问题往往出现在年轻的伴侣身上，因为他们携带着更多原生家庭的价值观和传统。随着年龄的增长，我们通常变得更加灵活、更懂世故、更有经验，也不受那么多僵化的思想和传统的限制。当然，情况并非总是如此。

如果你们认为两个人之间的共同之处是你们结合的原因，那么请你们三思。随着时间流逝，年纪渐长，兴趣爱好通常也会发生转变，慢慢消退。如果你们只是因为共同的兴趣爱好而在一起，那么关系可能不会长久。偏离共同的兴趣爱好，会使双方的价值观和世界观出现重大差异。有时，共同的兴趣爱好也可能成为两人疏远的原因。除了共同的兴趣爱好、情欲、爱、孩子或仅仅是生活的方便，伴侣双方必须有别的理由在一起。因为更重要的原因而相爱、结合才能建立长久的关系。

（练习）

你们有哪些共同之处

轮流向对方说明双方的共同之处。除了兴趣、爱好、事业、信仰或目标，请就下列问题讲述你的观点并解释。

- 应该如何对对方采取行动和做出反应？
- 一段关系中哪些行为和态度是正确的，哪些是错误的？
- 应该如何管理这段关系？双方应该在权力、地位、权威性上对等吗？

我们充满激情

大多数关系在第一阶段都充斥着兴奋、新鲜感和激情。随着关系逐渐走向日常，新鲜感开始消退，并且再也无法重燃。激情也会改变。单凭欲望、激情或性行为，并不能维持婚姻的长期繁荣。尽管激情和新鲜感可以通过多种方式培养，但是在一段伴侣关系中，最重要的是联结而不是激情。

我一直想要生儿育女

我见过许多夫妇，他们许下承诺、走进婚姻主要是为了生儿育女。这没有问题。但如果这是你和伴侣在一起的主要原因，请确认对方也是出于完全相同的原因，并且你们已经深入讨论过对于家庭的愿望。为何如此？因为如果你的伴侣一直梦想找到真爱，而孩子是次要的梦想，那么他在发现你们梦想不同时可能会非常失望。有时，家庭愿望的差异很难解决，因此，结婚前在考虑建立长期关系时，深入探讨家庭愿望话题极为重要。

孩子：要还是不要

严肃认真地与对方深入交谈，讨论是否要把孩子带入你们的关系。你们的关系是否稳固，可以让孩子加入你们的行列？你们是否出于其他目的才想把孩子带入这段关系之中？

坦诚地交谈或讨论你们对事项优先级的考量。你们是否优先考虑孩子？还是会优先考虑你们的伴侣关系？你们双方对优先级的考量是否完全一致？你们是否在逃避或回避这个问题？会顺从或欺骗对方吗？会敷衍了事吗？

我就要老了，如果现在不结婚，要等到什么时候

尽管迫于时间压力而结婚可以理解，但紧迫性绝不是向任何人就任何事许下承诺的好理由。如果选择错误，很快你就会遇到新问题了。（阅读本书，并三思而后行。）我目睹过许多人为自己的择偶辩护，称他们迫于压力，但其压力与建立稳固关系毫不相干："我的'生物钟表'像定时炸弹一样嘀嗒作响，而且我也不可能在近期找到更好的人，所以……""每个人都说我已经到了不能再一个人鬼混的年纪了，我该长大了。而且，我所有的朋友都已经结婚生子。"或者"反正我也找不到

我的'白马王子'，所以不如与他交往。"

　　每一种说法都表达了听天由命的态度，而这种态度必定会让关系出现问题。首先，没有人希望自己成为"残羹剩菜"。其次，你将永远觉得自己没能实现所谓的梦想中的关系（或者更确切地说——人）。再次，仅仅因为时间不等人、"为什么不结婚呢"而找一个固定对象，没有办法建立稳固的关系。不接受真实的彼此，这在任何关系中都是问题的导火索。你知道自己只是退而求其次（或第三、第四），怎么能接受配偶真实的样子呢？

　　这是否意味着你只能与梦中情人结婚？我们已经确认过，这是个糟糕的想法。让我们回到最初的问题：你们彼此般配吗？请记住这句话的真正含义：你们双方朝着同一个方向，对重大事情有着共同的愿景，并信奉共同的准则。

我希望能建立一段关系，帮助彼此生存和发展

　　我认为结婚的理由应该是建立生存团队。要想共同繁荣，首先必须共同生存。你们俩都将比孤身一人时成就更多，因为两个人在一起很可能比一个人在世界上更加强大、高效。你们之间的差异成为一种制衡，这是独自一人无法实现的。你们双方建立起稳固的团队，可能成为一股不可小觑的力量。你们可以应对任何人和几乎任何事。把你们自己当成一支生存团队能帮助你们做出正确的判断，分清事情的轻重缓急。

　　我希望你们在阅读结婚的理由时能够理解，结婚的最重要理由是

成为一支蓬勃发展的生存团队。为了结婚而结婚就好比在流沙中栽种一座花园。随着时间的流逝，其他方面（例如激情、共同的兴趣爱好和生孩子的愿望）将变得不那么重要。

马脚

像福尔摩斯一样侦查需要你具备发现伴侣露出的"马脚"——那些泄露自己秘密的肢体动作和面部表情（或没有动作和表情）的能力。在扑克游戏中，专业玩家寻找对手的马脚来发现对方是否在诈唬。诈唬者可能会挠鼻子、转移视线或调整坐姿。每个人都会露出马脚。即使我们不想暴露自己，我们的身体也会做出反应。如果你细心观察，就能发现马脚，特别是伴侣的马脚。

马脚非常个人化和个性化。对方在说起或听到某些词或观点时下眼睑抽搐，是在表达什么？是什么让对方的上面部一动不动？是什么让对方发出了清嗓子的声音？为什么对方话没说完手部动作就停止了？为什么对方刚才放慢了语速？现在，请注意这些。你注意到一些马脚，并不意味着你就知道对方的想法或感受的目标或来源。换句话说，你能相信的只有你看见、听到了什么，所以请勿妄下结论。话说回来，了解伴侣的马脚需要时间。同样，注意到在什么时候、什么情况下伴侣的表现出现变化也需要时间。如果你的伴侣每次提到前任都会发出抽鼻子的声音，这有可能就是马脚。但这说明什么呢？你还不清楚。你可以问问伴侣，每次提到此人时的感受。这最终将帮助你了解那些变化。

撒谎游戏

与伴侣近距离面对面坐着，以便读取对方的面部和肢体语言。像之前那样，先完全保持沉默，保持一段时间眼神交流，放松。然后其中一方讲述一个真实的故事和一个虚假的故事。真实的故事必须完全真实，虚假的故事必须完全虚假。⊖在你讲完两个故事之后，让伴侣猜测哪个为真、哪个为假。交换角色，重复进行，直到你和伴侣可以发现对方的一些指向真相或谎言的身体行为（马脚）。可以考虑讲述这些故事。

- 你最喜欢哪一段童年记忆？为什么？
- 你最喜欢什么运动？为什么？
- 你最喜欢什么音乐？为什么？你最喜欢和最不喜欢的艺术家分别是谁？
- 你最喜欢什么电影？为什么？你最喜欢和最不喜欢的演员分别是谁？
- 你有什么是伴侣所不了解的？

⊖　有时，只有添加一些事实才可能讲述一个完整的谎言。尽你最大的努力吧。善于撒谎的人总是在谎言中夹杂大量真相，这有助于他们不露出马脚。

新婚夫妇大考验

20 世纪 60 年代中期，一个名为"新婚夫妇大考验"的游戏节目开始播出。每期节目中有三对夫妇参与竞争，他们需要回答一些问题，如"你的配偶睡在床的哪一侧"或"你的婆婆或岳母最让你困扰的是什么"，并尽可能提供相匹配的回答。相匹配的回答数量最多的那对夫妇能够赢得一台新的洗衣、烘干一体机或一次蜜月旅行等奖励。节目设置的问题显然会在新婚夫妇之间引起摩擦，不过观众随意观察，就能轻易分辨出每对夫妇是否了解彼此、夫妇双方在困境中如何交流，以及夫妇间的情况是双方同心协力，还是其中一方可能惨遭抛弃。

在一段稳固的关系中，维护伴侣泡泡至关重要。在"新婚夫妇大考验"节目中，许多夫妇为了取得决定权或嘲笑对方而牺牲了他们的伴侣泡泡。虽然他们通常都知道彼此的喜好和简单的乐趣，但他们也常常忽视对方的恐惧、界限和弱点。参加节目的人的安全感受到威胁，许多人在关系受到伤害时也缺少修复的能力。为了在二人世界里愉快地生活，你们需要极度小心地遵照"伴侣使用手册"。关于对方，你们知道其他人所不知道的事情——你们知道如何安抚或刺激伴侣，如何预测伴侣，以及如何应对伴侣。

你们应该如何编写这本"使用手册"？其中一步是弄清楚彼此的了解程度。我希望你们考察自己的背景和童年经历，看看哪些部分可能会碍事。一些原始部分常常在你们不知情的情况下填补经历的空缺，操控一切。因此，重点是要区分让你心烦或生气的是你的伴侣今天做了什么事情，还是你童年的根源性问题，例如你曾在某个时候被忽视或遭受别的威胁或创伤。

让我们先来罗列有哪些触发事件。安德莉亚爱去高档餐厅用餐，特里也喜欢和她一起去。安德莉亚总是很守时，并认为必须做到这一点，她甚至觉得别人迟到意味着不尊重自己。特里从来不是时间的奴隶，他喜欢率性而为。他经常迟到，也经常忘记承诺。安德莉亚在五星级餐厅等特里一起庆祝周年纪念时，因为特里迟到了 15 分钟而开始感到恐慌。安德莉亚属于浪型，经常担心伴侣会抛弃她。她需要和特里见面来感受爱与联结，而两个人分开时她往往觉得不自在。相反，特里属于岛型，害怕黏人的伴侣，觉得守时是一种限制。特里和安德莉亚并没有意识到彼此的问题，他俩几乎每次在餐厅见面都要吵架。

哪些童年时期的恐惧与限制如今还在影响着你的伴侣？请自问自答以下问题，这些问题将帮助你获得一些见解，你可以与伴侣互相分享这些见解。

- 你害怕受到束缚吗？你害怕遭到遗弃吗？
- 你需要独处时间吗？如果伴侣让你长时间独处，你会觉得不自在吗？
- 你害怕亲密行为吗？你渴望亲密行为吗？
- 你小时候会因为直言不讳而受到惩罚吗？会因为直言不讳而受到鼓励吗？
- 你或者伴侣是否感到自卑或自我价值低？

如果安德莉亚和特里能够持有对方更完整的"使用手册"，那么他们可以避免大量冲突，尤其是在用餐时。此类问题总是根深蒂固，容易触发。你可以说它们是伴侣的软肋。你可能会想：伴侣究竟有多少个敏感问题？我可以向你保证，我在诊所里见到的大多数患者只有3～4个问题，但这足以让他们脱离正轨。这些问题通常是一直以来都困扰他们的恐惧、弱点或不安全感。

寻求关注

我们通过眼神交流、招手、呼唤和说话来寻求与父母、伴侣或孩子的亲近。这些被称为寻求关注。[2] 联结维持指的是儿童或成人能够与主要对象保持多长时间的身体、眼神或其他亲密联结。锚型的人毫不担心距离的亲疏，他们往往在寻求亲近和保持联结方面没有任何困扰。浪型的人倾向于大量寻求亲近，并能够长时间保持身体接触。岛型的人可能更回避与人亲近，并厌恶长时间的身体接触（性行为除外）。

如果你保持沉默，凝视对方的眼睛五分钟（或更长时间），你就能领会到联结维持指的是什么。如果你们任何一方觉得有难度，那么这项练习将提醒你们注意此问题。但是请注意：事情往往不像表面看起来那样。你们其中一方可能因为对方的焦虑而想转移视线，或中止眼神交流。伴侣双方身体如此靠近，并进行眼神交流时，会经历共鸣——一种人类正常的非言语交流现象。他们也会经历情感或躯体感染，即伴侣能够"捕捉"彼此的身体感受和情绪，如焦虑。如果一方高度焦虑，那么另一方会经历自己和伴侣的焦虑，双方都会放大对方的焦虑。不介意进行眼神交流的一方会无意识地转移视线，以减轻另一方的压力。奇怪吧？

　　为了制作"使用手册"，你们必须不断了解伴侣的线索。一种方法是直接坐在伴侣的对面，靠近对方，以便看到对方瞳孔的扩张和收缩。只需凝视彼此的眼睛。自在地进行眼神交流对于双方建立安全型依恋关系至关重要。大脑喜欢面部特写。视觉特写能够让人饱览面部细微的肌肉动作和眼球跳动。据说莎士比亚曾有言：眼睛是心灵的窗户。现代神经科学家可能会说，眼睛是自主神经系统的窗户。当你们看着伴侣的眼睛时，你们也在深入观察对方的神经系统。面部特写永远不会无聊，它能揭示一个人的精神与情绪状态的无尽细节。凝视伴侣时，你们总能有所发现。

眼神交流

　　在依恋关系中，建立并保持眼神交流是我们交流爱、兴趣和情感的基本途径。我们往往通过眼睛爱上我们的婴儿、孩子和伴侣（甚至宠物）。眼神交流是强大的连接器，也是我们"阅读"他人的途径之一。对于某些人来说，眼神交流极其具有刺激性，可能难以做到。持续的眼神交流，即使是与伴侣进行的，也可能导致焦虑、恐慌、悲伤、泪水、抑郁、羞愧和愤怒。

　　你可能难以维持眼神交流，我在此列出部分原因。

　　在你小时候，没有人会向你投以关爱的眼神。母亲如果经常将婴儿抱离自己的身体，或者让婴儿脸朝外而非朝向母亲，那么他们成年以后眼神交流会更少。如果眼神交流对你来说有难度，那么这可能是因为你在婴幼儿时期没有得到大量眼神交流的机会。

父母或其他权威人物通过眼神交流来恐吓你。令人悲哀的是，本该用以表达爱的眼神交流，也可以用来表达恶意。我们中有一些人，早年经历过恐吓或攻击式的眼神交流。反复进行眼神交流，特别是与爱侣这么做，可以将眼神交流重新转变为轻松自在的经历。

父母或其他权威人物通过长时间的眼神交流来监视你或羞辱你。我们中有一些人，在大多数时候得到的是他人毫不爱惜的眼光。眼神交流总是过于赤裸裸，对方未经你的允许，看到你的内心，眼神中带着不善，好像在批评你，观察你的缺陷。

父母或其他早期照料者会"捕捉你的目光"或对你发出的线索置若罔闻。有些照料者通过"捕捉你的目光"来要求眼神交流。他们对孩子不适或过度刺激的线索置若罔闻。孩子觉得自己被困在接收端。长大成人后，他们面对眼神交流时仍会觉得难以逃脱，感觉受到了威胁。

父母或其他早期照料者表现得好像他们能看透你，实际上却不能。有些照料者将自己的思想、感受和意图投射到孩子身上，从而导致照料者与孩子之间始终无法产生共鸣。结果，他们无法准确地看透孩子，让孩子觉得自己受到了侵犯或侵扰。

不管你为什么不愿意凝视对方，你可以训练自己去适应与伴侣保持眼神交流。让回避眼神交流的一方主导你们的凝视时长。请不要回避，至少要对伴侣坦诚。对于支配你的内在因素保持好奇，在合适的时机进行反击。

阅读伴侣的面部

我们可以花一整章篇幅来讨论阅读面部，但本书无意于此。现在，我希望你们开始关注伴侣的面部，仔仔细细地看。坐在伴侣对面，双方交谈时注意对方面部所有的变化。你们可以在用餐时、坐在客厅时这么做，也可将此作为了解对方的面部"马脚"的练习。你们在寻找可能泄露伴侣内心体验的细微变化。请记住，尽管你们将越来越善于注意到变化，但你们常常无法确定这些变化的来源或目标。换句话说，不要对变化的含义妄下结论。

练习

观察伴侣的面部变化

伴侣双方面对面坐着，放松身体。如果身体紧张，你们就会丧失注意细节的能力。如果你们在练习过程中过于关注自己，会出现同样的问题。关注外部，但可以偶尔扫除身体的紧张区域，只需尽快让紧张消失即可。把注意力集中在你们的"冥想"对象——伴侣的面部上。

你们要特别注意伴侣这些方面的所有变化。

- 面部肌肉

- 面部颜色

- 眼球运动

- 瞳孔扩张和收缩

- 头部动作

注意面部肌肉时，寻找颈部周围及脸的上、中、下部的皮肤和肌肉的收缩或松弛状态，不要忘记注意上下眼睑。寻找面部控制的迹象，即伴侣的脸过于僵硬的状态。对方的笑容是自然流露还是有所控制？

血液流动会引起肤色变化。有一些人在唤醒增强或减弱时，脖子和脸的颜色会发生很大的变化。

注意眼睛的细微变化：眼球如何移动，还是不动。瞳孔什么时候出现变化？

现在，我希望你们每注意到一种变化，就用食指轻拍大腿。当你们注意到对方的前额稍稍收紧时，拍。注意到伴侣的眼球向上、向下、向左、向右转动，拍。注意到对方的瞳孔略有扩张，拍。注意到伴侣微微一笑，拍。注意到任何你们认为你们看到的变化，拍。你和对方可以同时进行，也可以轮着来。你们可以在外出用餐时进行，不必告诉别人你们在做什么，只是练习。你们也可以与其他人一起练习。没有人会知道你在大腿上拍着"变化"，对吧？

阅读面部的第一步是注意细微的变化。无须解释，无须解读，一开始只要注意这些变化。你们也可以观察电视节目中的人物特写。

从观察中了解伴侣

现在，你已从伴侣的面部表情中了解了一些信息，接下来，你要使用这项新技能来获取伴侣的更多信息。通过这个过程，你将对伴侣了如指掌，对方亦会如此。不要仅仅依靠伴侣的话语或你的本能反应来理解伴侣传递给你的信息。对于你认为你已经知道的信息，也要切切实实地关注，好像你还不知道一样。明白吗？让我们试一试。

成为对伴侣了如指掌的专家

了解伴侣，探索伴侣的所有强项与怪癖是件有趣的事情，被伴侣探索也很有趣。那么请使用以下测试作为你们的"新婚夫妇大考验"。

规则

伴侣双方近距离、面对面地坐在地板或椅子上。首先静默，凝视彼此的眼睛。保持沉默至少 2 ～ 5 分钟，这很重要。确保面部光线充足，你们可以看到对方的瞳孔。

伴侣甲向伴侣乙朗读一个问题（参见以下问题示例），并尝试做出回答。伴侣乙对伴侣甲的回答做出回应。伴侣甲通过观察其做出回答期间和之后的面部活动，判断伴侣乙的回应是"对"还是"错"，得出"回答正确""接近正确"或"回答错误"的结论。

问题示例：从小到大，最让你害怕的是什么？你想知道伴侣最大的恐惧是什么。你要怎么发现呢？你可以问，但答案可能不对。为什么？因为我们根据记忆编造故事。要发现真相，你要像福尔摩斯一样"侦查"伴侣——观察、等待，并琢磨对方会如何回应你的猜测。

程序

你在大声读出问题之后，保持沉默，并仔细察看伴侣的脸。端详对方的眼睛，同时给出答案。只给一个答案，并衡量伴侣的反应。重要提示：答案要简明扼要，不要以问句形式呈现。

- 做出猜测之后，等待并仔细观察。
- 特别注意伴侣的面部，注意面部颜色、眼睛（运动、瞳孔大小、流泪）以及下面部的变化，并注意身体姿势的变化。
- 问自己，你的猜测是"回答正确""接近正确"还是"回答错误"。
- 接着问伴侣："我的回答是正确、接近正确还是错误的？"
- 观察伴侣的反应，判断你的猜测是否正确。如果你不确定，重复你的答案并密切关注。

顺便说一句，不要提供其他信息。我们要找的只是正确答案。如果你的猜测出错了，不要灰心。你的伴侣会欣赏你的好奇心，让你再试一次。

在此列出一些其他问题，可用于提问和猜测。我希望你能善于阅读伴侣的面部。练习得越多，就会做得越好。

- 伴侣最喜欢做的事情是什么？
- 伴侣最讨厌做的事情是什么？

- 从小到大，最让伴侣害怕的是什么？

  - 伴侣遭遇这种恐惧的迹象或症状是什么？

  - 你将如何照顾伴侣？

- 伴侣的软肋是什么？哪种经历会让伴侣慌乱或崩溃？

  - 伴侣遭遇此事的迹象或症状是什么？

  - 你将如何照顾伴侣？

- 伴侣会因为什么而哭泣？电影？戏剧？音乐？艺术？主题和触发因素是什么？

- 伴侣最喜欢什么音乐？

- 伴侣最喜欢什么食物？

- 你身上的哪一点会惹恼伴侣？

- 在伴侣眼中，你的难搞之处有哪些？

- 你需要了解什么？

- 什么会惹伴侣生气？

- 什么会让伴侣平静下来？

- 伴侣是否认为你擅长帮助其平静下来？

- 伴侣是否认为你会坦诚告诉他们一切？

- 伴侣是否认为你诚实？

- 伴侣是否认为可以将性命托付予你？

- 伴侣是否认为能得到你的保护？

- 你是否认为伴侣对你有所隐瞒？

　　伴侣之间不可能什么都知道，因此你必须一直关注伴侣，一直陪在身边，一直保持好奇。关系稳固的伴侣把了解对方当成永无止境的事业。你和伴侣在时间中穿梭，你们都在改变。你跟上了吗？你知道伴侣的社交生活中谁重要，谁又不重要吗？你知道伴侣目前工作或学习方面的问题吗？你知道伴侣晚上在想什么吗？你知道伴侣做爱时在想什么吗？你知道是什么让伴侣觉得你深爱着他？作为伴侣余生的主要依恋对象，你知道应该对伴侣说些什么吗？

　　弄错关于伴侣的事实，哪怕只是轻微的失误，都可能让伴侣恼火，并且可能对关系造成十足的威胁。为什么呢？因为你应该了解这些事情。如果你总是对伴侣说些甜言蜜语，但伴侣不需要听到这些，那么你为什么要说呢？你注意到这些了吗？

　　玛丽和吉姆准备庆祝玛丽的 40 岁生日。吉姆爱玛丽，但在送礼方面有点迟钝。玛丽给他发了一张照片，是她渴望已久的白色红顶迷你库柏敞篷车。吉姆无视她的暗示，给她买了一辆棕色的梅赛德斯 – 奔驰轿车。想象一下玛丽看到新车一脸失望时，吉姆的面部表情。玛丽已经表达得再清楚不过了，但吉姆没有注意到。他抱怨道："有什么差别？这辆车更好。"吉姆不能理解。

　　你的伴侣不是你。了解和你在一起的这个人，理解其发出的信号，成为对伴侣了如指掌的专家，精通伴侣的语言。你和伴侣永远不会后悔于付出的努力。

第 7 章

关 系 雷 区

通往稳固关系的路上存在重重障碍，我将这些障碍称为关系雷区。关系雷区指尽管其他方面情况都很好，但仍会让伴侣一方失去一段确定关系的事情。它们是禁区，没有任何商量的余地，如果不能彻底解决，会成为关系中的毒瘤。人类都渴望天长地久，所以伴侣往往可能忽略、推迟或扭曲事实以避开关系雷区。但是，你们最终难免得面对这些问题。这些雷区存在，这一事实本身就对关系有一定威胁，并且即使伴侣双方都对"房间里的大象"避而不谈，也可能引发意想不到、看似无关的冲突。不管怎样，伴侣最终都会"踩"到雷区。

常见的关系雷区包括生儿育女、忠诚、信仰、金钱、性、烟酒、居住地（城市还是乡村）以及对第三方（孩子、前任、宠物、兴趣爱好、嗜好等）的管理。不同伴侣的关系雷区有所不同。例如，有的伴侣可能双方都同意分开管钱，有的则是其中一方独揽财政大权。双方只有基于共同利益而共同商定，才能建立稳固的关系。你们可以学着协调差异，找到彼此建立安全型依恋的途径。不过，从长远来看，将一切开诚布公非常重要，它能帮助你避免大量痛苦。

关注雷区！不要以为采取缓兵之计，雷区就会自行消解。关系稳固的伴侣能自如地面对现实。他们勇于直面现实，而不会扭曲事实以避免恐惧和损失。我不希望你们由于对问题视而不见、隐藏雷区，或为了非稳固关系而牺牲自己合理的权利，而出现在我的办公室。所以，把一切都摆到台面上，讲清楚。

我一直想要生儿育女

在所有的关系雷区中，伴侣之间关于是否要生儿育女的分歧可能是最常见的。对孩子的渴望极为复杂，不能简单归结为生理问题。一个人不论性格、年龄如何，都可能产生生儿育女的需求。对于生儿育女，有些人坚决反对，有些人保持中立，还有些人一心向往，甚至从小就心向往之。几千年来，这始终是个热门话题，在今天仍然如此。如果你们中有一方想要孩子，而另一方不想，那么是时候坐下来谈谈，将这个雷区扫除了！还有一种情况是，其中一方可能其实不想要孩子，但不太确定，容易被对方说服。这样说服并不等于扫除雷区，所以请继续坐下来交谈！记住，所有怀孕中有一半都属于意外，所以……一定要做好计划。

我见过许多个人和夫妇，他们许下承诺、走进婚姻主要是为了生儿育女。如果这是你觅偶的主要原因，那么请确认对方也是出于完全相同的原因，并且你们已经深入讨论过成家的愿望。

看看佩里和玛莎的经历。结婚十年之后，双方都抱怨关系中缺少激情。玛莎从小就梦想生一个女儿（她甚至在童年时期就已经为孩子起好名字），佩里也一直梦想有个孩子，双方都不曾梦想过在伴侣关系中找到真爱。既然他们都不渴求激情，那么他们为何要抱怨？一旦我们澄清他们在一起的真正原因所在，激情问题就不再重要。为人父母是唯一契合他们个人目标的主题。一旦双方都明白他们婚姻的头等大事是生儿育女，他们就能够摆脱婚姻中缺乏激情的压力。

成家愿望的差异常常很难解决，因此在考虑建立长期关系时，在结婚前就深入探讨该话题极为重要。

以特蕾莎和马拉为例。特蕾莎一直想当妈妈，马拉却不想为人父，他梦想和伴侣拥有一段恩爱、忠贞、无儿无女的关系。尽管如此，他还是妥协了。他们领养了一个孩子，特蕾莎一心扑在孩子身上，而他们之间的成人关系无法满足马拉。由于他们之间的分歧发现得太晚，触及了雷区，马拉结束了这段关系。

你对孩子有何想法

严肃认真地与对方深入聊一聊是否要把孩子带入你们的关系。

- 你们的关系是否稳固，可以让孩子加入你们的行列？

- 你们出于什么目的把孩子带入这段关系之中？

- 你们最优先考虑的事项是什么？是孩子，还是伴侣关系？

确保你们双方都没有逃避或回避这个问题，没有顺从或欺骗对方，也没有敷衍了事。不要等到孩子进入你们的生活了，才发现这是一个雷区。

如果你们双方都同意不要孩子，没问题。你们可以疼爱别人家的小孩，而不用带回家。不过，如果你们双方都决定要孩子，则需要考虑一些事情。

你们的生活将永远改变

关系稳固的伴侣知道，随时了解情况并保持知情很重要。不妨问一问有孩子的朋友，有孩子后其生活有何变化。认真向他们提问，了解你会经历什么，如睡眠不足、约会搁置、性生活减少（可能是由于力比多的变化，也可能是由于新生儿的到来而筋疲力尽或分身乏术）。

可以肯定的是，你们对自己或这段关系的感觉将不再一样，不过这不一定是消极的变化。孩子可以增加你们对彼此的爱意和对共同生活的使命感。孩子一定会改变你们的生活，而且是永久性改变。在一起养育孩子时，请记住你们是作为伴侣一起努力，这不是一个人的事（当然，除非你是单亲父母）。如果你们关系还不够稳固，那么最好不要生养孩子。只有在这段关系中，你们双方都觉得很幸福时，你们才做好了准备，可以邀请另一个人加入你们的行列。这意味着你们得深思熟虑，预想即将要做什么事情、该如何去做，并早做计划。我并不是指计划婴儿房应该刷成什么颜色，而是指考虑分工、谁做什么及如何互相帮忙。在准备增添新的家庭成员时，重要的是你们双方都有充足的资金、时间、食物及睡眠等，并能为彼此提供帮助、支持和舒适。

我的伴侣已有孩子，我也做好了成家的准备

去吧！但要小心。如果你没有孩子，并且要加入现成的家庭，那么你和伴侣需要事先了解继父母抚养有哪些困难，否则你们可能会发现自己茫然不知所措。并且，请确保你们在建立怎样的重组家庭这一问题上看法一致。你们应该问自己上一节中提到的问题，并思考再婚家庭中额外的挑战与乐趣。很多再婚伴侣双方拥有美好的联结，却忽略了家庭融合时所产生的问题。孩子的年龄很重要，性别也很重要，同样重要的还有孩子目前与分居的亲生父母之间的关系。最好的情况是所有父母都能相处融洽，相互协同与合作，使抚养孩子尽可能轻松。

妮科莉特 34 岁，马丁 35 岁，他们即将结婚，双方都有两段婚史。妮科莉特是名独立女性，拥有自己的内衣公司，没有孩子。马丁与前妻生了两个女儿。尽管在一起已经一年多了，妮科莉特还没有见到马丁的孩子，这让她很烦恼。

马丁：我的女儿们因为我的离婚经历了很多。她们的母亲对我很生气，不希望让她们再受到任何伤害。我理解这一点。她们将成为我们生活的一部分，但我们只能慢慢来。

妮科莉特：马丁！我们已经在一起够久了，而且我们六个月后就

要结婚了。这不正常。你觉得还得等多久？我已经被你的前妻妖魔化了，女儿们也在说我的坏话——实在不堪入耳。

马丁：她们没有说任何关于你的负面言论。她们在网上跟踪我的情况，看到我们在一起的照片。她们在评判我，而不是你。她们看到了你的线上产品目录，其中有一些内衣由你做模特，所以她们在猜测。

我：让女儿们见妮科莉特到底有什么问题？

马丁：我只是不希望让她们承受比我更多的创伤。

我：她们到底是怎么受伤的？

马丁：正是这次离婚。她们受了很多苦，因为我的前妻在我俩分开之后开始酗酒，而且有自残倾向。姑娘们不得不应对我的离开，以及迅速失控的母亲。

我：你认为妮科莉特会成为一个好继母吗？

马丁：[沉默良久]我认为她们会喜欢她。是的。

我：这不是我问的。

马丁：我认为妮科可以给她们带来很多欢乐。她非常外向，心态年轻。而且她非常独立，不像她们的母亲。我认为她会带来良好的影响。

妮科莉特：你真的不相信我会成为好继母，对吗？听上去是这样。

马丁：呃，你没有孩子。而且据我所知，你也从未想过要生。我以为……哦，天哪，我真的不想来这里。

妮科莉特： 如果你这么认为，为什么你之前什么都没说？我告诉过你，我很愿意当你家女儿的妈妈，说过很多次，但你除了"太棒了"什么也没说。

马丁： 确实很棒。只是……你不是妈妈型的人。你知道的，你不是那种人。

重组家庭的注意事项

- 务必提前了解再婚家庭。

- 务必将你们的关系置于优先事项"食物链"顶端。这并不意味着你们会忽视孩子或其他切身利益，而是指伴侣双方了解，自己将成为每个孩子、其他家长及原家庭成员的领导者、管理者和大使。新伴侣首先要合理管理彼此，再去管理其他人，并共同分享其中的欢乐、痛苦和挑战。

- 务必理解和尊重继子女对亲生父母与兄弟姐妹的忠诚。

- 务必像婚前咨询一样，在准备再婚、组建重组家庭时，寻求专业帮助。

- 务必进行合作与协同，在和身为父母的前任以及每个孩子打交道时保持同样的态度。

- 务必了解孩子对失去亲生父母，获得继父母的态度会随着他们大脑的发育而改变。3～5岁的小孩子很容易接受继父母，但到了另一个发展关键期，可能变得很难接受，这是正常的。每当重要关系发生冲突时，伴侣要一起努力，确保彼此安心。

- 切勿让继子女分裂主要依恋系统，即伴侣关系。

- 务必首先建立稳固关系。

- 切勿假装自己是亲生父母。在从每一个继子女那里赢得管教权之前，不要承担管教者的角色。

- 切勿期待或允许伴侣来管教你的亲生孩子。作为一个团队来教养孩子，你们的团队合作大都是在后台而不是在孩子面前完成的。

- 切勿让前任制造混乱。专注于新人，而非旧爱，不要让气急败坏或心存报复的前任成为焦点。

- 切勿将孩子作为影响伴侣或前任的诱饵或手段。不要试图控制前任的育儿。如果你们双方在结婚时无法在育儿方面达成一致，那么你们在离婚或分居后，一定也不会在这方面有所改善。你们的控制力和影响力只会越来越小。

如今，重组家庭成为一种常态，而组建重组家庭所面临的挑战和一对伴侣所面临的其他挑战没有什么不同。如果伴侣双方能首先建立稳固的关系，那么管理重组家庭应该没有问题。

忠诚问题

以托莉和格斯为例。格斯有过三段婚史，比从未结过婚的托莉大20岁。当托莉遇见格斯时，她相信自己等到了梦中情人。格斯也觉得托莉是他的"命定之人"。在此之前，格斯不受婚姻的束缚，他希望这种生活可以持续一辈子。而托莉的家庭背景更为传统。一开始，格斯就完全坦诚他的想法。对托莉来说，这显然是个问题，她与格斯对婚姻的设想完全不同。但她想结婚，所以与格斯举行了婚礼。她在这段婚姻中会感到幸福吗？非常值得怀疑。那么格斯呢？他会因为托莉不支持他的原则和生活方式而后悔与她结婚吗？如果托莉仍旧不开心，他会。

金钱问题

金钱可能成为关系雷区。例如，如果一方富有，而另一方贫穷，那么双方在决定购房、分摊支出或开设共同账户时可能会遇到麻烦。尽管这些问题本身也许不是雷区，此类差异可能使伴侣走向雷区。

一些伴侣签署了婚前协议，但婚后仍遇到金钱问题，这种情况很常见。奥斯曼和达姆拉是一对年轻的土耳其夫妇，双方都 30 多岁，他们在婚礼前夕同意签订婚前协议。本来他们都认为，与父母相比，他们都已是新式的美国人，并且计划不签订婚前协议就结婚。尽管如此，奥斯曼还是在父亲的怂恿下，提出签订婚前协议，达姆拉也同意了。婚礼临近，达姆拉觉得自己别无选择，尽管婚前协议明确规定，结婚满 15 年之后，她才有权享有奥斯曼家族的生意和地产。

结婚 10 年后，达姆拉仍然对丈夫在最后一刻要求签订婚前协议感到不满，因为她觉得这不公正、不公平，充满家长式作风。这也预示着他们生活中其他方面的不平等，例如，奥斯曼家族的所有家庭会议都将她排除在外。达姆拉的经历属于雷区延迟。双方因此都很痛苦。

性问题

在我的诊所里，性和谐问题是已婚伴侣之间的一个普遍问题，但在未婚伴侣中并不常见。不过，新婚伴侣很可能遇到此类问题，特别是如果其中一方的性经验更为丰富、伴侣双方很虔诚并打算婚后再进行亲密行为、伴侣一方或双方有过往遗留的性创伤，或是伴侣之间的文化差异影响他们对性行为的期望和态度。在下一章中，我们将探讨困扰大多数伴侣的性和谐问题和常见性问题。在这里，我只想谈谈性问题如何在长期稳定关系（如婚姻关系）中成为雷区。

德肖恩是一名律师，打算和老朋友内科医生凯莉结婚。双方之前都有过婚史。他们在各自的婚姻中一直是对方的知己，他们在性以外的几乎所有事情上都是彼此最好的朋友和依靠。几年后，他们决定结婚，但是凯莉担心她对德肖恩不像对其他人那样有强烈的情欲。凯莉说自己一直性欲旺盛，而德肖恩说自己的性欲一般。德肖恩知道这一点，并认为这个问题会自然而然地解决，不过他对凯莉能否保持忠诚有些担心。

如果两人一开始是好友，再发展成伴侣，那么性吸引力的问题是个普遍的困惑。大多数伴侣要经历追求阶段，在这个阶段他们对彼此都比较新鲜，他们的关系更可能受到多巴胺、去甲肾上腺素、睾酮和苯乙胺等神经化学物质的刺激。随着"爱情药水"的浓度渐渐淡去，他们对对方的痴迷渐渐褪色。德肖恩和凯莉从未经历过这个阶段，因此他们认为可能遇到问题。毕竟，他们跳过了最初狂热的、新奇的阶段。这真的是一个问题吗？会变成关系雷区吗？

还有更多问题。凯莉说自己对性的需求比德肖恩更强。德肖恩满足于一周 1 ～ 2 次性生活，而凯莉希望每天做爱。现在，我们可能在逐渐靠近雷区。凯莉在性爱中希望对方咄咄逼人。德肖恩虽然不是一个被动的人，但也不是凯莉喜欢的类型。他喜欢前戏，而凯莉不喜欢太多折腾。

这对夫妇在婚后围绕各种性问题争论了很长时间。他们的性欲改变了，对做爱的态度也变得更加成熟，比他们之前的性观念更加深刻、有意义了。他们对性的关注让他们更加了解自己。换句话说，他们扫除了性方面潜在的关系雷区。（更多关于性的内容，请参阅第 8 章。）

烟酒问题

我首先要说的是，上瘾是严重的心理和生理健康问题。如果伴侣一方因物质上瘾或行为上瘾而陷入困境，一段关系的各个方面都将恶化。话虽如此，上瘾是一个心理生物学问题，其原因远不止遗传学、家族史、大脑的奖赏回路方面的问题。它也是关系问题、管理问题和依恋问题。

许多伴侣在使用烟酒方面存在分歧。如果一对伴侣发现自己在这些问题上不知何去何从，他们往往会掩盖问题，并相信某一方终将解决问题。但真正解决问题的情况十分少见。当然，有些伴侣喜欢一起抽烟、酗酒，也有一些伴侣能够接受其中一方吸烟、喝酒，所以他们没有问题。

很多伴侣会因为各种各样的原因而抱怨上瘾问题，其中可能会成为影响稳固关系的问题的是无法获得身体上、精神上及情感上的支持。对物质滥用最常见的抱怨是抽烟、酗酒的伴侣在行为、态度、参与性和警惕性方面都有所改变。他们不仅会变得令人讨厌、魅力全失，而且可能充满敌意、攻击性甚至有暴力倾向。暴力行为常常来自酒精浸淫之下的大脑，仅此一项就能成为关系雷区。不过，如果一方清醒、冷淡，对爱人的改变很不满，那么伴侣哪怕只是有些晕乎乎、醉醺醺、走路跟跟跄跄，都可能成为拖累。这种一方喝醉、一方清醒的经历一旦重复发生，那么关系中就会出现遗弃和忽略问题。

那些喜欢一起抽烟的伴侣会如何呢？就关系的稳固性而言，没有问题。那么酗酒、刷剧，或任何其他正常的自动调节活动呢？只要是互动活动，且伴侣双方都有所参与，就没有问题。我的诊所接诊过酒鬼伴侣。[⊖]那些酗酒或抽烟的伴侣看上去生活方式完全协调。诚然，我担心他们的安全问题，但我在治疗期间并不聚焦于此，除非物质滥用与这对伴侣所面临的问题有关。

⊖ 酒鬼（barfly）一词来自同名半自传体小说和电影（译名为《酒心情缘》），讲述诗人查尔斯·布考斯基（Charles Bukowski）及其同样嗜酒如命的伴侣的经历。

当然，在一些情况下，物质或行为上瘾（如对色情作品、性、食物等的上瘾）会成为关系雷区。以下就是一例。

山姆和雪莉从十几岁时就在一起，双方都喜欢聚会和抽烟。直到他们决定结婚生子时，雪莉才开始抱怨。她决定戒烟，为建立家庭做准备，并希望山姆也这么做。山姆认为这是意料之外的变化，对他来说不公平。他努力游说，希望继续抽烟、喝酒。雪莉最初只是抱怨，最终还是采取了坚决行动。山姆同意戒烟了。婚后一周，雪莉发现山姆仍在抽烟，并且是在背地里进行。雪莉勃然大怒，觉得遭到了背叛。她原以为已经消除的关系雷区仍然存在。几个月后，她决定申请离婚。

背叛与隐瞒重要信息

稳固的关系始于伴侣双方接受对方本来的样子，终于对双方安全与保障系统的绝对保护。相互信任是稳固关系的基础的一部分。伴侣在共享关于父母、孩子、朋友和同事等其他人的信息时，必须能够信任对方。在互相依赖的亲密关系中，提供错误、虚假、有遗漏的信息，经常性欺骗或说谎会破坏信任，而信任正是这种关系存在的主要原因。在《别对我撒谎》（*Tell Me No Lies*）这部精彩的著作中，埃琳·巴德和彼得·皮尔逊探讨了关系中建设性谎言与破坏性谎言之间的区别。[1]

我在本书中着重讨论一种特别危险、极具破坏力的欺骗形式：隐瞒很长时间之后，才披露以前未披露的重要信息。这会给信息接收者带来震撼，并经常让他们感到极度困扰。他们不得不从头开始对一切进行重新评估，因为如果之前没有被蒙在鼓里，那么一切都可能改变，这段关系可能不会存在。

许多伴侣会错误地隐瞒一些重要信息，例如性传播疾病、创伤史、虐待史、过往婚史、可能影响伴侣的过往性行为，以及重要的财务信息等。有些伴侣会谎报自己的真实年龄、财务状况、家庭出身、疾病或其他重要信息。隐瞒或歪曲信息越久，那么不知情的伴侣觉得遭到背叛的风险就越大。如果信息是被另一方发现而不是一方自愿提供，情况就会更为复杂；如果一方用谎言掩盖信息，或有意欺瞒，那么情况会更糟。

坎迪斯和詹妮订婚后生活在美国东海岸。婚礼前数周，詹妮偶然发现坎迪斯的过往恋情，包括他曾有过一段短暂的婚姻。詹妮大为震惊，不知所措，她与坎迪斯对质，希望听到他说这些都是假的。坎迪斯拼命解释自己为什么要隐瞒这些信息。但詹妮十分难过，于是回父母家过夜。坎迪斯安抚了詹妮，婚礼按计划继续举行。

此后不久，詹妮碰巧看到坎迪斯的驾照，又在无意中发现了更多的信息。坎迪斯驾照上的出生日期比他告诉詹妮的日期早了八年。面对质问，坎迪斯再次为信息有误道歉，说他只是担心詹妮如果知道自己的真实年龄会拒绝他。詹妮立即结束了这段关系。她觉得坎迪斯缺乏透明度，背叛了自己，并认为失信不能容忍。

之前未知的重要信息浮出水面，这样的例子不胜枚举。隐瞒、掩盖或歪曲涉及另一方重要利益的信息，绝不是个好主意，也绝不会落得好下场。请特别留心。如果你遗漏了伴侣应该知道的信息，即使你认为那些信息可能不重要，也不要拖延。拖延的时间越长，就越有可能被视为背叛。如果你想和伴侣建立稳定的关系，那么不要采取被动的态度，主动去交代、去询问，不要担心会侵扰对方或多管闲事。你即将与此人共度风雨，你需要尽可能知道一切，才能将自己置于那个位置。你有权利知道你要将一生托付给谁，你的伴侣同样如此。

有些背叛能让人记很久，有些则不然。例如，如果伴侣一方未能坚持共同管理原则，如未能分享关于现状的信息，隐瞒相对不重要但可能会激怒伴侣的信息，或公开透露伴侣可能想要保持私密的信息，那么一些小小的背叛就出现了。这些事情时有发生，只有在冒犯的一方拒绝承认、态度不屑，或对伴侣的感受无动于衷时，才会成为大问题。

然而，在伴侣双方即将做出承诺或结婚时，如果其中一方没能保护另一方免受家人、朋友或前任的伤害，这种背叛将有可能长期留在记忆里。当然，如果冒犯的一方看不到自己的错误，没有快速纠正，那么对信任的破坏、保护的缺失及第三方问题将始终悬在伴侣头顶。我见过很多伴侣仍在承受早年的痛苦，因为其中一方曾被对方为了某人或某事而往火坑里推。在遭到背叛的伴侣眼中，这是不忠。如果未能立即修复和纠正，它在未来许多年间将对安全与保障系统造成持久的威胁。

发现之前未披露的重大信息可能意味着背叛，也可能成为关系雷区，这取决于这些信息是什么。如果披露的信息所代表的价值观与另一方的价值观截然相反，那么这就可能成为关系雷区。如果这种背叛涉及撒谎、心理操控（让人质疑现实）或公然欺骗，那么这种背叛可能过于严重，使关系无法继续发展。

再议第三方处理不当

一些关系雷区与处理和第三方的关系有关。伴侣一方可能认为工作在他们生命中是绝对的头等大事，而另一方则认为孩子应该排在首位，工作应该永远位居家庭时光之后。第三方指姻亲、孩子、继子女、前任、烟酒、兴趣爱好、色情作品——任何可能转移你们的焦点，使你们无法聚焦于维护伴侣泡泡的完整性的事情。第三方处理不当至少会伤害到伴侣中的一方，久而久之，往往会摧毁一段关系，因为这就是一种背叛。作为一名治疗师，我不会明说伴侣应该优先考虑什么。伴侣双方应该自行达成一致，决定要将谁或什么置于首位。而且每一方都应该小心，不要在达成协议时放弃重大生活需求或愿望。接下来，我以我和特蕾西的故事为例，讲讲我们如何处理与她（当时）十岁的女儿乔安娜之间的关系。

我的故事

特蕾西经常对人说，我娶了她，还有她的孩子、三只猫、一条狗和一个前夫。对于能否和乔安娜建立联结，我有些担心，我不是她的生父，她随时可能"炒掉"我。我是入侵者，对她的母女关系构成威胁。乔安娜独自与母亲在一起生活多年，这使情况更为复杂。特蕾西和我不得不决定如何处理三人的关系。

我学着做一名称职的继父，但乔安娜和我一开始都很挣扎。特蕾西希望能保护乔安娜，不让她由于新的关系而觉得自己被遗忘或排挤。我得说，跟乔安娜建立关系并不容易，但这一切都值得。我们会吵架，然后和好。在学做继父的过程中，我会坦诚我的感受（和失误）。发脾气要比赔罪容易，不过久而久之，我能更好地管理我的情绪和行为了。克服重组家庭的障碍需要技巧，运气也不可缺少。乔安娜的亲生父亲与我相处融洽，特蕾西和她的前夫也不再针锋相对。乔安娜现在有两个爱她的父亲。

特蕾西和我在订婚时，请乔安娜参与计划，这时，乔安娜真正开始改变态度。从那时起，事情发生了重大转机，仅仅因为她受邀成为婚礼的一员。我们结婚时，朋友和家人都在场，我的教女和乔安娜把我们交给对方。现在，我对乔安娜视如己出，关系非常亲密。但我仍然恭敬地向人介绍她是我的继女，这样她就能尊敬她的亲生父亲。

能收获一段对我来说至关重要的终身关系，我感到非常幸运。尽管如此，我知道重组家庭里可能会出什么问题。我常常希望更多人能够进行婚前咨询，我觉得任何即将成为继父母的人都应该考虑咨询。亲生父母也会从咨询中受益，因为继父母和生父母的行动都可能推进或阻碍重组家庭的进程。

* * *

关系雷区往往比较隐蔽，因为伴侣双方在婚前拒绝提到、承认或解决这些问题。必须在婚前发现雷区，哪怕这意味着关系可能终结。雷区是嘀嗒作响的定时炸弹，会给伴侣双方及其子女和继子女带来很多痛苦。如有必要，请务必重读本章。如果你们想建立一段稳固的关系，就必须在处理征兆时睁大眼睛，完全专注于现实。

第 8 章

身体上的亲密

　　身体上的亲密与亲近是生命中最甜蜜的两件事情。给予和接受快乐能够增强你的伴侣泡泡。在大自然赐予我们的所有快乐中，性几乎被世上每个成年人所赞美。当然，这在很大程度上是由于神经和肌肉的极度兴奋现象（即性高潮）。

　　为何性如此美妙？让我来逐个细数性的美妙之处。性：

- 能够建立信任与亲密。

- 能够治愈旧的情感和性伤害。

- 能够帮助你对伴侣了如指掌。

- 能够帮助你了解自己。

- 能够促进身体健康。

- 能够支持健康的免疫系统。

- 能够改善睡眠。

- 能够缓解焦虑。

- 能够减轻（与性无关的）身体疼痛。

- 能够激发性欲。

不过，人们在向我咨询时，普遍抱怨的话题包括金钱、时间、邋遢、性和孩子，其中性方面的问题可能是所有问题中最常见的。作为一名专业人士，我相信我不是唯一一个这么说的人。

在触觉、味觉、嗅觉、听觉和视觉等所有感官调节器中，触觉能够最有效地管理人类神经内分泌应激系统。它能够比眼神和声调更好、更快地促进压力的缓解。我们如此注重触碰，以至于如果遇到压力，我们可能会首先寻求身体上的安慰，而不是其他需求的满足。[⊖]这并不是说友好的眼神交流不能减轻压力，它当然能，但是，一个美好的拥抱能够更直接地对自主神经系统和身体产生调节作用。

性是什么

我并不打算对你们进行性教育。但我确实想简单探讨一番我们对"性行为"这个词的定义，因为它似乎有不止一个意思。对许多人来说，性行为是传统性交的代名词，但性交的概念也很复杂，对不同的伴侣来说有着不同的含义。我认为性行为在广义上指与另一个人发生任何与性有关的身体接触，包括充满情欲的接吻、抚摸和探索，不论是否达到性高潮。这与《韦氏词典》中对性行为的定义一致："人们

⊖ 对于岛型的人和一些有遗留创伤史的人来说，触碰的效果可能有所不同。有些人厌恶触碰，这可能导致缓解压力和身心健康方面的问题。

互相抚摸、亲吻对方等身体活动；与性交有关且通常包括性交的身体
活动。"

你们如何定义性行为

你们如何定义性行为？其含义与做爱一样吗？有什么区别？和伴
侣一起谈论性行为。看看你们能想到什么。我见过一些认为调情是一
种性行为的伴侣。

缘何性爱

这是一个愚蠢的问题吗？其实不是。就像我们结婚的原因可能五
花八门，不同的伴侣之间发生性行为的原因也可能大不相同。这些原
因在本质上都没有对错。性行为是我们作为伴侣在亲密关系中自然要
做的。我们已经确定，性爱关乎感情、友情，关乎我们加深对彼此的
了解，也关乎治愈。

假设你们的医生给你们开出一张处方，要你们每天达到一次性
高潮。你们会觉得奇怪吗？当然会。但如果医生列出该处方的所有疗
效呢？

- 缓解抑郁和焦虑。
- 缓解不宁腿综合征。
- 减轻约 50% 身体疼痛。

- 提高催产素和抗利尿激素水平。

- 增加友善、亲近和喜爱的感觉。

- 提高多巴胺水平。

- 改善睡眠。

如果你们的医生开出的处方是两次性高潮，那么你也不必大惊小怪。

好处，好处，好处

性亲密在很多方面都给伴侣双方带来好处。一个众所周知的好处是促使催产素和抗利尿激素分泌。面对面地肌肤相亲能够唤起伴侣之间持久的亲近感和亲密感。这些时刻会增强安全与保障系统，也会在这个系统受到威胁时进行修复。伴侣们经常用性行为来支持他们的安全与保障系统。然而，持续的面对面、肌肤相亲通常也能够达到同样的效果。在分离和团圆之类的过渡时期，晚上睡觉之前和早上醒来之际，亲密时刻尤为重要。

对于制造、产生和维持相爱与相恋的感觉，性可能是最佳途径。做爱应该是愉悦的，但如果自我意识过于强烈，乐趣就不复存在。像其他所有事情一样，做爱涉及协作、嬉闹、探索、发现、治愈、互相帮助和互相了解。充满爱意地凝视、发送仰慕和欣赏的信息、承认自己的错误、睡觉前在枕边私语和进行身体的亲密接触也能增强爱和联结的感觉。

为了怀孕

假如你们发生性行为的目的是怀孕。多么美妙！双方都有生育能力，许多伴侣能顺利完成此项任务。一般来说，如果女方不超过40岁，性生活规律（每2～3天一次），那么能够在一年内怀孕的概率超过八成。那些第一年没有怀孕的伴侣中，大约有一半能够在第二年怀孕。对怀孕的恐惧可能会影响性生活的满意度，特别是如果伴侣双方没有进行过明确的沟通并做出负责任的行为。如果一方或双方不想要孩子，那么这一方或双方可能会对怀孕感到持续的焦虑。这个问题不仅会给房事增加压力，也会让伴侣关系变得紧张。

温迪想怀孕，吉姆却出现了勃起功能障碍和性高潮延迟。吉姆担心温迪可能"不小心"没有服用避孕药。他甚至担心安全套失效。这种焦虑妨碍了他们的性爱，并最终成为真正的问题。

另外一些伴侣在怀孕方面没有那么幸运。生育问题很复杂，可能给伴侣带来巨大压力。大概每七对伴侣中就有一对会碰上各种受孕问题。这些伴侣可能在长达数月甚至数年间备受煎熬，看不到结果。长期不孕不育不仅会给伴侣带来压力，而且可能影响性生活。对这些伴侣来说，性生活常常变成一件苦差事，并伴随着悲伤、抑郁、愤怒、焦虑和失望。更糟的是，在这些情况下，压力本身会成为影响受孕的一个重要因素。如果伴侣之间没有稳固的关系，当不孕不育成为生活的中心时，他们就更有可能面临重大婚姻问题。

生育方面的性问题会导致很多问题，特别是对关系不稳固的伴侣而言。我见过太多把性当成"造人"活动的伴侣来诊所接受咨询。

与生儿育女有关的注意事项

- 务必就伴侣关系与生儿育女孰先孰后达成一致。

- 务必在引入第三方（孩子）之前，建立稳固的伴侣关系。

- 务必在要孩子之前扫除一切关系雷区。

- 务必在怀孕之前认真负责地做出规划。确保资金、工作和其他资源就位。提前讨论对父母角色的期待，并明确达成一致。

- 即使双方已有共同的继子女，也务必考虑生育的复杂性。

- 切勿盲目或冲动地想要孩子。思考、讨论并规划好所有可能的结果。

- 如果伴侣之间关系很差，切勿将孩子带到这个世界。许多伴侣认为，有了孩子就会解决他们的婚姻问题。这种假想的情况很少真正发生。

- 切勿让自己在怀孕前、怀孕时、怀孕后处于资源不足的状态。

- 如果生孩子不是你的目标，那么与伴侣性交时切勿不负责任或鲁莽行事。事关很多人的生活。

谈论性

许多伴侣之间并不谈论性，这一点总是让我很好奇。处于稳固关系中的伴侣应该能够谈论任何事情，这是"我们愿意"协议的一部分。我通常会听到这样的话："谈论性并不性感"，"对话会陷入僵局"，或

"令人尴尬"。但是，正如前文提到的，做爱应该与探索、体验、嬉闹和好奇有关。如果做爱是为了更加深入地了解对方和自己，那么为什么不能谈论性呢？

和格雷格恋爱之前，阿米莉亚 18 岁时被约会对象强暴。格雷格知道此事，但并不清楚事件的许多细节。随着双方关系的发展，阿米莉亚对做爱的焦虑开始增强。格雷格误以为她的犹豫是对他个人的拒绝。他的行为随之发生转变，他与阿米莉亚拉开了距离。当然，阿米莉亚误以为格雷格的行为是针对她，并联想到格雷格曾对她说过身材不好。格雷格说的是自己，但阿米莉亚认为他在隐晦地批评她的身材。此类错误累积到极度尴尬、令人痛苦的地步。像所有不会开口澄清和纠正错误的伴侣一样，这对伴侣出于好心，开始回避所有身体接触。

一旦他们开始谈论他们分裂的性生活，他们就发现了沟通方面的问题。在很短的时间内，他们两人能够厘清误会，并学着在做爱时与对方交谈，这有助于抚平他们的伤痛和不确定感。

由于缺乏关于性、身体形象及感官问题的交流而产生的问题比比皆是，却毫无必要！我告诉伴侣们，要节省治疗费用，靠自己努力建立稳固的关系。向对方倾诉，做彼此的治疗师和最好的朋友。

我之前已经说过，现在重申一遍：实时交流的速度很快，我们大多数时候还不知道为什么，就已经不由自主地进行行动和做出反应。因此，我们在不知情的情况下会编造事实，会依据当时的心态去填补信息中的空白。我们趋于负面思考，因为大脑倾向于这么做。鉴于以上事实，想一想我们在做爱的时候会犯的所有错误，再加上我们通常都很糟糕的言语交流能力，你们就知道为什么性会成为伴侣关系中最棘手的问题之一。但这些问题是可以避免的。关系稳固的伴侣不管从事什么活动，都会努力了解对方。当你说"我们愿意"时，你的承诺应该包括在最温柔和脆弱的行为（如做爱）中，愿意交谈，并注意理解对方。

在性行为中交谈

人们告诉我："交谈会毁掉性生活"。如果交谈是为了避免亲密、填补沉默或掩盖焦虑，那么是的，交谈会毁掉美好的时光。我要讨论的不是那种交谈。此外，如果伴侣感到不适，却只藏在心里，那也会毁掉性生活。同样，如果伴侣一方不愿承认那一刻的焦虑、担心搞砸事情、需要改变姿势、突然回想起糟糕的记忆或创伤，或者变得心神不宁、无聊至极或昏昏欲睡，那也会毁掉性生活。性爱包括在每一刻照顾彼此，互相帮忙，相互协作。理解和期待应该是相互的。每一方都要说出自己的感受和担忧。这是流程的一部分。

在性行为中交谈的注意事项

- 一旦有想法或感觉侵扰你，务必立即让伴侣知道。
- 务必确保伴侣完全清楚你说了什么、做了什么。
- 务必迅速对伴侣的担忧、愿望或敏感性做出回应。
- 务必在性交时对伴侣感到好奇。
- 切勿不尊重、不理会或不重视伴侣的担忧、愿望或敏感性。性交时受到的伤害会长期存在于记忆中，如果不能立即修复，则会存在更久。

- 切勿让你的行为或无作为给伴侣留下想象空间。你不会喜欢伴侣大脑填空的方式。

- 切勿隐瞒你的行为、想法、感受或计划。

可能出现的问题

卧室里的大多数问题都是可以解决的！首先，这些问题反映了卧室之外的问题。以心理生物学的视角来看，无论在什么情况下，伴侣都会重复同样的错误。事实上，如果一对伴侣的问题集中在性问题上，误解和失调都集中在这一个方面，那么他们通常更容易改变。绝大多数伴侣在性生活方面的问题是随着关系发展而出现或恶化的。很多人会说，问题始于新婚之夜。另外一些人会说，约会或同居几个月之后，性生活开始衰退。还有一些人说，随着第一个孩子出生，性生活急转直下。

我们需要花一些篇幅讨论可能出现问题的地方。性生活是影响伴侣满意度的一个重要领域，值得特别关注。

频率

前来咨询的伴侣迟早会提到性话题，他们想知道何谓"正常"。他们讨论他们的性爱类型，讨论什么让他们舒服、什么让他们不适，以及什么让他们兴奋。他们也会表达频率、时间以及双方所扮演的角色的不满。这些抱怨背后的核心问题是他们缺乏联结，缺乏安全感，缺乏温柔，缺乏体贴。

我们想知道何为正常，部分原因在于美国文化对于性和性行为的描述，以及我们从小到大接收到的关于性的让人迷惑甚至错误的信息。性让全美（乃至全世界）痴迷。即使与产品无关，性也经常出现在广告中，这是因为（让我们面对现实吧）性让人着迷。尽管耳边充斥着各种意见和建议，人们又对性生活痴迷不已，但许多人还是一知半解。

许多前来咨询的伴侣担心自己的性生活频率低于或高于"正常"水平，也就不足为怪了。事实上，如果伴侣双方的性驱力强度非常匹配，这个问题就不会存在。

> **玛丽昂：** 我们没有足够的性生活。
>
> **我：** 你指的是什么？对谁来说不够？
>
> **玛丽昂：** 我不知道。我认为我们应该有更多性生活。
>
> **我：** 你同意她的观点吗？
>
> **鲍比：** 是的，我也这么认为。
>
> **我：** [对玛丽昂] 你渴望性爱吗？
>
> **玛丽昂：** 不，其实并不渴望。[鲍比摇头表示同意。]
>
> **我：** 所以你们并不渴望更多性爱，但你们认为应该这么做。我的理解对吗？[他们都点头同意。] 好吧，如果你们不渴望性爱，那么你们为什么会认为你们应该有更多性生活？[他们都耸耸肩。]

在这个例子里，鲍比和玛丽昂都是根据他们从朋友、电视和杂志上读到或听到的内容来判断自己的性生活是否足够频繁。为什么他们不能根据自己的感受与想法来判断自己的性生活？他们的关系不够稳固。

与生理有关的性问题

一个常见的关系雷区与性行为和态度有关。有些人希望伴侣不要自慰、看色情作品、看异性等。还有些人与伴侣分手是因为伴侣不够刺激、乐于尝试新鲜事物或不够性感。

心理生物学问题、个人喜好及其他复杂因素会影响我们对性的渴望，并可能导致性功能障碍。心理生物学问题是生理和心理问题共同造成的。在寻找其他可能的原因之前，我总会建议先进行体检。但是，大量统计数据表明，这些问题至少部分受精神状态的影响。鉴于我既研究大脑又研究身体，我认为有必要从身体和心理两个角度去考虑所有关于性的抱怨。

处于稳固关系的伴侣会认真对待生理上的性功能障碍，不会责怪对方。他们也愿意了解这个问题的人际方面，同样，也不会责怪对方。

在性爱方面，以个人为中心的心理态度肯定会让关系崩盘。我们一定要理解，我们的人际问题与金钱、时间、性、邋遢或孩子无关，也与谁把车停在哪里、谁把盘子丢在一旁无关，而与我们如何看待伴侣系统有关。你的伴侣系统是一个注重合作与协调，双方相互尊重、彼此倾慕的双人系统吗？是基于两个人生存和繁荣的需要而将关系置于一切之上的系统吗？请记住，考查一对伴侣是否恩爱，要看伴侣系统能承受多少负荷而不分崩离析。不妨试试性爱！

与个人喜好有关的性问题

对我们大多数人来说，性是最脆弱的一个领域。对性偏好的误解让性生活成为冲突与争吵的根源，而不是亲近与亲密的来源。我们得营造一个安全的场所，在那里进行身体的探索和实验，并表达爱意。我们要彼此帮助，慢慢来，交流彼此的感受，承认自己的错误。

寻求亲近与联结维持

联结维持是指我与你保持多久的身体接触才想离开，指我凝视你的眼睛多久才想挪开或转移视线，也指我谈论有关我们的关系的话题多久才想改变、转移或中止话题。寻求亲近和联结维持与爱无关，而与安全和保障相关。我们在幼儿时期的身体记忆影响着我们靠近或远离他人，特别是主要依恋对象的程度。你们能一直牵着手吗？能坚持多长时间？亲吻呢？或者拥抱呢？弄清楚你们联结维持的时间。

汤米多番寻求与贝芙的联结。他会看着她，握着她的手，伸出胳膊搂着她，并时不时与她交流感受。他喜欢寻求贝芙的关注，也喜欢身体上的亲近。另一方面，贝芙不怎么寻求汤米的关注。她回避眼神交流，也不像汤米那么深情。她并不是不爱汤米。她爱他，但她不习惯寻求亲近，不渴望持续的身体接触。贝芙会牵几分钟手就松开，她的处理方式有时会伤害到汤米。

"怎么了？"贝芙把手抽出之后，汤米问道。

"没什么。"贝芙回答，"我觉得不舒服，出汗了。"贝芙说话时，转过头，脸朝前方，更让汤米觉得自己遭到了拒绝。

在这个例子中，你可能感到汤米和贝芙中的一方或双方让你感到很熟悉。你可能对自己说："我知道这种感受，我很讨厌它。"但是，如果我告诉你，对于这种情况，只要稍加调整，就能让伴侣双方满意，你相信吗？以下是同样的情况，但略做调整：贝芙握着汤米的手，亲吻他的手，用另一只手轻轻地移开。瞧！没有伤害，没有愧疚。小小的调整既满足了她想挣脱的需求，也满足了他想感受到爱的需求。搞定。

练习

寻求亲近

和伴侣一起尝试：下次你们在一起时，数一数一段时间内你在视线上、口头上和身体上寻求与伴侣亲近的次数。让你的伴侣也数一数。在共度一个早晨、下午或晚上之后，对比你们的记录。不要评判。

性回避型伴侣

没有什么伴侣活动比性行为更加需要寻求亲近和维持联结。性回避型伴侣很难忍受亲密行为，这些伴侣可能说自己性欲低下，而事实上他们无法忍受反复、持续的面对面肌肤相亲。性回避型伴侣通常在幼儿时期就经历过主要照料者疏于照顾的人际问题。

如果伴侣中有一方属于回避型，那么另一方可能会抱怨自己遭到了拒绝，尽管伴侣的回避并非针对个人。回避型伴侣对于依赖与共同调节的恐惧反应的产生早于这段关系，而且可能在关系的其他方面中也有所表现。伴侣双方可能都无法理解这一点，并且可能误会对方的意图、感受与行为。回避型伴侣通常对自己的疏离本能感到羞愧，而他们的伴侣则通常觉得自己不受欢迎或不被需要。

伴侣关系治疗师可以帮助双方了解回避的源头、发展及其在成人主要依恋关系中的运作，从而帮助他们解决这一问题。有时候可能只有伴侣一方看上去属于回避型，但很有可能双方有着相似的回避倾向，这一事实被回避倾向表现得更强的伴侣的行为所掩盖。我鼓励你们互相帮助，适应人际压力，避免回避、退缩或若即若离的状态。

练习

联结维持

和伴侣一起尝试：进行全方位的拥抱，并像拥抱雕塑一样保持这个姿势。确保你们的胸部和腹部互相触碰。试着关注自己的想法和身体感觉，并特别关注你何时想要结束拥抱。如果伴侣正在准备脱身，看看你能否感受到。与对方谈论自己的想法和冲动，不要责备。

测试联结维持的其他方法。

- 持续眼神交流。

- 持续谈论关系。

- 持续牵手。

- 持续拥抱（无论是否在床上）。

表现焦虑

对于表现的焦虑是真正的快乐杀手。原因如下：大脑的一些区域可能干扰所谓的"心流"，音乐家、艺术家、演员、舞者和运动员都熟知这个术语。心流是一种意识状态，在这种状态下，一个人沉浸在一项活动中，全身心投入其中，带着兴奋和专注，明显感到愉悦、忘我。心流要求在技艺与需求之间取得平衡，或者在能力与挑战之间取得平衡。这种平衡让我们能够不受威胁、没有损失地进行活动，因此能够释放资源，让我们进入心流。

正如我之前所说的那样，性爱这杯大自然的鸡尾酒可以让人暂时克服表现焦虑和依恋不安全的问题。但最终，当最初的新鲜感消退后，剩下的只有那些可能干扰心流，并因此影响性表现的基本问题。

出于各种各样的原因，性欲与性趣在一生中会发生变化。如果你们希望在关系中始终保持同样的力比多能量，那么你们可能会大失所望。此外，没有什么比高期待值和表现压力更容易扼杀性欲。规划性爱日程真的令人扫兴，会让性爱变得过于矫揉造作而让人想要避免。千万不要规划性爱日程。

有关表现焦虑的注意事项

- 务必放松自己，但又足够警醒，持续关注伴侣的脸、眼睛和身体。
- 务必将所有的注意力集中在你的感官（视觉、嗅觉、触觉和味觉）上。
- 切勿规划性爱日程。
- 切勿思考！

把买杂志的钱省下来，不要再让那些文章告诉你们应该相互做些什么。去找治疗师和性学专家，努力成为对自己了如指掌的行家。如果你们想要的是做爱，那么放弃包括高潮在内的终极目标，忘记任何成就。只和对方在一起，即兴发挥。别做计划，别规划日程。

近感官问题

近感官指嗅觉、触觉、味觉和近视觉，它们发生在与他人接近的时候。（不包括听觉。）由于人的敏感程度不同，在性爱中可能出现近感官方面的问题。

厌恶伴侣的体味或身体部位的味道会导致回避和疏远。谈论这些问题可能会破坏安全与保障系统，特别是在伴侣双方没有建立稳固的关系、不能进行良好的沟通时。许多人对嗅觉和触觉很敏感。实际上，有些人的大脑嗅觉区有更多的感受器，能够接收到更多种气味。有些人有触觉方面的问题，包括对某些衣服材质、油等过敏。另外，嗅觉、味觉和触觉都深受记忆影响。我们对某些香气、味道的感受通常夹杂着我们第一次接触这些香气或味道时的情感记忆。

我发现，岛型的人尤其可能存在近感官问题，这在很大程度上可以追溯到他们婴幼儿时期的联结不足。岛型的人通常有一个存在联结维持和寻求亲近障碍的岛型母亲。低联结型婴儿可能在一生中都缺乏联结，接触对他们来说很成问题。此外，许多低联结型婴儿或儿童来自倾向于忽视或贬低依恋价值的家庭，长大后他们对嗅觉、味觉、触觉和近视觉更加敏感，特别是在需要保持长期联结时。这些人会对伴侣产生感官方面的厌恶，也会找借口隐瞒或掩盖这些厌恶。他们对自己的厌恶反应感到震惊和羞愧，并可能得出自己不喜欢伴侣的结论。而真正的罪魁祸首可能是感受到的威胁。

马丁和卡拉都 40 岁出头，在恋爱初期性生活就十分活跃。卡拉在和马丁同居之后，发现马丁开始在身体上疏远自己。她不理解马丁的行为，而马丁认为没有任何问题。当卡拉靠近马丁寻求爱抚或性爱时，马丁会离开；当她握住马丁的手时，马丁会生气；当她亲吻马丁时，马丁会避开。卡拉的自尊开始直线下降，她只能猜测马丁不再喜欢自己了。最终，卡拉搬了出去，并和马丁分手。

过了几周，马丁求卡拉再见一面。卡拉同意与他共进晚餐。他们很快用完餐，回到马丁的住所，并发生了性行为。马丁像以前一样投入。接着，他们继续约会了几周，没有出现他们在同居时所经历的疏远问题。

马丁说服了卡拉，卡拉同意再同居一次试试。同居后，疏远很快又回来了。卡拉极度受挫，坚持要求共同接受伴侣关系治疗。马丁的秘密是他的近感官十分厌恶卡拉。他忐忑地承认，他很讨厌卡拉碰自己，觉得受困其中，无法逃离，不知道怎样才能不伤害卡拉的感情。他感到非常尴尬，告诉卡拉，他有时不喜欢她的呼吸。马丁的招供内容令人尴尬，双方都震惊不已。

卡拉和马丁并不明白，这些厌恶是马丁对吞噬和窒息等严重威胁的反应，只在他日复一日与同一个爱人共同生活时才表现活跃。他对卡拉的厌恶像是大脑的把戏。他的大脑和身体在戏弄他，这些把戏极其逼真，总让马丁认为他找错了对象。马丁并没有性骚扰或性虐待史。但是，他想起在以前的关系里也会出现同样的问题。他总是告诉自己，这是另一方的问题，不是他的问题。

在这种情况下，感官异常可能是由身体疾病引起的。意识到这一点没有坏处。如果伴侣的嗅觉和味觉突然改变，应该首先检查是否存在身体疾病。要相信关系会继续存在，即使你们说出一些令人尴尬或可能冒犯对方的言语。关注一个事实，即伴侣对你说的话是为了确保你们之间亲密关系的延续，而不是侮辱你。回避这些问题，或将建设性批评当成威胁，只会让关系陷入更大的危险。由于对方缺乏足够的信息，回避会导致大量误解。

对于那些厌恶伴侣的人来说，问题可能在于他们属于岛型，这是一个心身问题。如果是这样，他们应该记得自己在过去的固定关系中有一些类似的感官经历。（要诚实。）那些对伴侣产生厌恶的感官反应的人，通常最终不会和伴侣生活在一起或与对方结婚。因此，在马丁和卡拉的例子里，马丁的负面感官知觉更有可能源于伴侣之间生化不匹配之外的原因。也可能是卡拉觉得自己遭到了马丁的拒绝，在性爱前和性爱时更加痛苦，从而出更多的汗，分泌更多的激素作为对马丁的拒绝的直接回应。

　　帮助马丁处理他的岛型问题——疏远、侵扰和受困也会安抚他的感官知觉，并让他逐渐停止对卡拉的触觉、嗅觉和味觉的厌恶反应。除男性外，很多女性也有这种近感官厌恶的问题。

近感官

　　为了防止你们回避这种近感官问题，我想让你们双方一起谈谈。如果需要的话，给自己倒一杯红酒放松一下，然后开始吧。

　　坦诚你们在嗅觉、触觉、味觉和近视觉和听觉方面的真实经历。

- 你们在这些方面有什么困扰吗？

- 如果有，是在什么情况下，哪种感官方面的困扰？

- 你们中有谁在以前的关系中遇到过感官方面的问题吗？如果你遇到过，你怎么和伴侣处理这个问题？你是否在保守秘密？如果是，你的行为因此发生了哪些变化？

- 你的伴侣如何知道你对他们的气味、味道、触感、外观或声音有意见？你会说实话吗？你的伴侣会说实话吗？你敢问对方吗？你敢告诉对方吗？

- 你们是否都同意避免谈论此事？如果是，为什么？谈论此事会带来什么麻烦？会成为关系雷区吗？

力比多的差异

与近感官有关的问题还有伴侣双方的力比多差异。"力比多"一词有多个含义。在弗洛伊德看来，力比多指所有与爱有关的本能与欲望，我们通常称之为性欲。不过，其他人认为力比多也指生命能量，可能包括但不仅限于性欲。不过，性欲会受到性别、年龄、身体健康、心理健康、基因、烟酒、药物和其他心理生物学因素的影响。

在神经化学层面，力比多受大脑的多巴胺中心（例如中脑腹侧被盖区和伏隔核）控制。在多巴胺系统中起关键作用的是苯乙胺，它是人们在迷恋阶段"酿造"的最初的"爱情药水"的一部分。其他起作用的激素还有睾丸素、去甲肾上腺素、雌激素、催产素、抗利尿激素和乙酰胆碱。

力比多抑制剂包括大部分抗抑郁药物、β受体阻断药和阿片类药物。力比多激活剂包括多巴胺能制剂，如安非他命和可卡因。许多身体疾病也会对力比多造成负面影响，如糖尿病、肥胖、贫血及甲状腺功能减退。

厌恶

心理学家蕾切尔·赫兹（Rachel Herz）在她的精彩著作《这太恶心了！：揭开厌恶心理的奥秘》中，描述了她对厌恶这一普遍的人类情绪的研究。[1]其他研究者也对这一情绪有所关注，比较出名的有博物学家查尔斯·达尔文[2]和心理学家保罗·艾克曼（Paul Ekman），后者的面部动作编码系统将厌恶识别为七种常见的面部表情之一。[3]我在此将整合他们的发现，从性欲和性行为角度讨论厌恶。

厌恶这种情都大约在三岁时出现，是由文化决定的，因此也是后天习得的。大脑中的前脑岛是"厌恶中心"，因为这种情绪几乎完全由这一脑区处理。通常来说，厌恶是对冒犯或讨厌之物的反感，是味觉、嗅觉、听觉和视觉上的生理反应。某些令人厌恶的图像、声音、气味或味道可能导致恶心和呕吐，而且这种反应能够传染。一个人的呕吐可能是一种本能的生存机制，警告周围其他人水或食物有毒，从而引起连锁反应。许多小学老师对此有切身体会。

作为一种生存机制，这种厌恶与生命威胁（如中毒、疾病和感染）有关。强迫症患者始终由于对污染的恐惧而忧心忡忡，他们几乎一直在体验厌恶。对污染的恐惧也会蔓延到与排外（不喜欢或害怕其他国家的人）有关的社会政治问题。因此，政治领袖会利用它来施行危害人类的罪行。人们害怕"其他人"会带来疾病，甚至会把那些人当次等人看待而产生厌恶，以此为种族大屠杀辩解。

为什么我在关于性和性欲的章节里讨论厌恶？因为性、色情作品、体液和某些身体部分可能引起很多人的厌恶。这种厌恶与超我功能有关，后者是我们对应该做什么、不应该做什么的观念。它从极具批判性的角度蔑视具有动物性的人类行为。对性的厌恶也是如此，因为它与其他形式的厌恶一样，是在家庭和文化影响下习得的。

早期刺激

早期人际刺激，即频繁、持续地与他人面对面地进行眼神交流和皮肤接触，是社会情感发展和获得生命活力的必要条件。依恋和神经科学领域的领军人物之一艾伦·肖尔（Allan N. Schore）写了大量文章，指出右脑的发展依赖经验，婴儿大脑发育的关键时期需要照料者始终在场。[4] 如前所述，在出生后的第一年和青春期时，缺少刺激可能导致无用的脑细胞及连接的过度凋亡。这就是"非用即失"规则。例如，许多岛型（即回避型）的人在整个童年时期都遭受人际忽视，只能自己管理自己。有些人基于自己的发展水平，发明了奇怪的自我刺激和自我安抚法。弗洛伊德认为，某个年龄段的所有儿童都是多相变态体，也就是说，他们的性欲恣意发展，而不会遵从社会规范。许多岛型儿童过于依赖自动调节（自我刺激、自我安抚，不需要他人），他们的性发展轨迹常常不符合社会规范。这种适应性不应该受到指责，因为它是完全自然、可预见的。岛型儿童只是在适应他们的环境。如果他们有一些狂野的性幻想和自慰行为，请原谅他们。他们没有能与自己互动的成年监护人。

相反，许多纵欲过度的成年人往往在幼年时期遭受过性虐待、性骚扰或过度刺激。尽管性虐待和性骚扰可能会导致刺激过度，但性欲亢进并不一定是早年性虐待引起的。狂躁的家长不断过度刺激孩子，也可能导致孩子随着大脑发育不断寻求各种刺激。有趣的是，许多性欲旺盛的人并不温柔，无法与他人建立成熟的性关系。他们往往将性行为与婴儿时期没有得到满足的舒适与安全需求混为一谈。发育中的大脑经常将对安全与保障的需求和渴望与其他因素结合起来，如性欲、恐惧及对物品的依恋（恋物癖）。

许多已婚伴侣之所以前来咨询，是因为发现一方有恋物癖或想要实现离奇的性幻想。许多迷恋和幻想的对象显然都是童年时期的图像、物品和人，与依恋安全需求有关。判断性行为成熟与否的一种明显途径是观察伴侣之间是否缺少完全交互的互动与协作。许多伴侣会抱怨自己纵欲过度的爱人做爱时像自慰，像是在独自玩耍。他们实际上并没有以一种完全交互、体贴的方式联结。

其他低刺激型家庭养育出的后代则性欲低迷。他们的性欲在一生中都相对较弱。我们可以说他们中有一些人通常唤醒度较低（参阅第 3 章），因此并不熟悉高活力状态。这并不意味着他们情绪低落或精力不足，只是他们的唤醒基础值低于中线。我在之前的作品中，将低唤醒人群称为潜艇，而将高唤醒人群称为飞机。这是对极其复杂、差别细微的人群十分粗略的标签化，但是飞机和潜艇的形象似乎能够准确表达我的主要观点。二者高度的基础值非常稳定，并且几乎没有变化。

生物人类学家海伦·费舍尔（Helen Fisher）对性欲和广义的爱做了研究。她认为，有些婴儿比其他婴儿在子宫里接触了更多的睾酮，他们长大后的性格也与高睾酮水平相称。这些男性和女性通常精力充沛，咄咄逼人，性欲旺盛。[5] 如果这种说法是正确的，这也许能解释为什么有些男性和女性在七八十岁时，不需要借助化学增强剂就能保持很强的性欲。前来我的诊所的伴侣无一例外，都是高唤醒型（飞机）。

目前还不清楚，唤醒基础值和基本睾酮水平是否存在关系。清楚的是，这些人非同寻常。尽管人们可能会嫉妒他们持久的力比多能量，但他们也有自己的问题。例如，睾酮水平高的人不太可能只有单一伴侣，而且更可能出轨。[6] 他们确实比较兴奋，但不要期望这种兴奋仅限于单一对象。

休·卡特（Sue Carter）是一位才华横溢的研究人员，多年来一直在研究草原田鼠，探究催产素对雄性的作用。她发现，催产素水平更高的雄性往往比其他雄性更注重关系，但性行为更少。[7] 换句话说，这些雄性草原田鼠可能不是"猛男"，但他们对雌性伴侣十分忠诚，不太可能拈花惹草。

性欲的差异是伴侣之间的潜在"战场"之一。双方必须坦诚地讨论这个问题及其他与性期望有关的问题。如果某处潜伏着关系雷区，让它现形，现在就处理！不要置之不理。如果你们中有一方注重频繁的性行为和性实验，现在就是确保双方看法一致的时候。性欲水平不太可能改变，至少不会发生显著变化。不过，年纪的增长、疾病和药物使用可能会使性欲出现变化。怀孕、月子、压力水平、情绪问题、激素变化、更年期经历、前列腺问题及其他可预见、不可预见的状况都会影响性欲。

另外，考虑何为重点。如果你们的联结以性为核心，性欲差异对你们这段关系的安全与保障系统意味着什么呢？因性欲差异而出现矛盾就像你由于对方的头形而看不上对方。对方无法改变这一点。

有关性爱频率的注意事项

- 务必与对方谈论性欲和对性生活的期待——要坦诚。

- 务必共同决定在长期关系中性欲的位置以及如何看待性欲。

- 务必通读本章关于性的内容，并讨论性对你的意义。

- 如果你们中的一方认为频繁的性爱或性多样化是一项"必备"内容，而另一方不这么认为，切勿忽视这一关系雷区。

- 切勿认为你们中的一方或双方的性欲会保持不变。

冒险性、实验性和角色的差异

性实验性是个人喜好。有些伴侣极具冒险精神，其他人则偏好传统性行为。作为治疗师，我认为我也算见多识广。只要伴侣双方完全同意所发生的一切，不向对方隐瞒任何事情，那么所有卧室实验都有利于婚姻和固定关系的长期发展。如果伴侣一方对所做的事情感到不适，却没有开口，另一方应该足够敏感，注意到事情不对。不管怎样，都不能放任自流、拖到以后。现在就处理。记住我之前说的话，与对方谈论性的含义，谈论你们双方是否始终保持联结，还是其中一方觉得孤单、被物化。如果是后者，那么一定有人在自动调节，独自行动。再说一次，那不是性爱。

加强你们的性爱

至少在我看来，做爱的真正目的在于加深对彼此的了解、认识彼此并修复各自的创伤。做爱应该是一个拉近彼此距离的机会。如果做爱只是为了刺激，那么可能成为问题。触摸的调节功能能够对身心产生深刻的影响，眼神交流也能起到强大的调节、交流和刺激作用。

出于这个原因，我建议你们在做爱时偶尔开着灯，确保能够完全看到对方。看看你们能否在做爱时保持眼神交流。你们不必每次都这么做，甚至不必时常这么做。但试试这是否可能。确保你们都用眼睛关注外界，因为关注内心只会导致不自在或幻想。你应该看到伴侣专注、入神的眼神，而不是看穿你的眼神。你们双方都这么做时会发生什么？眼神交流让你难以思考吗？应该如此。你切断了与大脑抑制区域的联系，不再唠叨、计划、预测和思虑过度等。大脑的这些区域会消耗大量资源，干扰你的身体，让你走神。你最好停止思考。眼神交流会干扰性高潮吗？如果会，为什么？一定要试试保持眼神交流。记住，爱可以从眼睛传递出来，而且近在咫尺。是时候让爱显现了。

你们还可以试试在做爱时说出对方的名字。你的名字刻在杏仁核的记忆深处。这是我们最早听到的词，因而也是我们对自己最早的认识。可惜，名字经常与麻烦相伴，特别是当自己的名字从另一间卧室传过来的时候。如果你的伴侣大声或尖声喊你的名字时，你有点退缩，这是因为杏仁核会搜寻环境中的威胁。但你的杏仁核并不只是一个制造恐惧的大脑结构，它也是感官享受与做爱所必不可少的，因此我建议你把伴侣的名字保留到做爱时说出，并且在说名字时使用亲昵的表达。在做爱时说出伴侣的名字对你来说可能有点艰难。如果是这样，和伴侣一起探讨为何如此。岛型的人在做爱时如果听到自己的名字，肯定受益匪浅。原因之一在于他们私下里并不习惯这个称呼，他们可能常常觉得自己只是被人利用的工具。当你用名字称呼伴侣时，你在专门为对方建立一种（希望是积极的）联结。

练习

说出我的名字

　　与伴侣进行眼神交流（意味着近距离），并轮流说出对方的名字。做爱时亲昵地说出伴侣的名字（在我看来）效果最为强大。但是，你不必在床上进行练习。你可以只是给伴侣一个吻，试着说一些"我爱你，[插入名字]"之类的话。当然，要保持眼神交流。你可以变换表达，把名字放在句子的前面、中间或末尾。如果愿意，你还可以轻声说。试一试，看看会发生什么。如果你之前从未这么说过甜言蜜语，现在你发现了什么变化吗？你对伴侣的强烈声明应该对你有所影响。和伴侣确认对方的反应是什么。请记住，岛型和浪型的人可能都很难说出（也不习惯听到）带有自己名字的甜言蜜语。不要光听对方的反馈，观察、等待并想想你在说这句话时以及说完之后对方会做什么（通常有一点延迟）。你说的话是否让对方感到不适？是否让对方热泪盈眶？是否让对方抽搐？是否让对方开始控制面部肌肉或表情僵化？

　　现在，在做爱时做同样的事情，看看会发生什么。说出和听到名字时，会有新的体验吗？

性很重要

贯穿本章及其他章节的关键都是稳固的关系。这意味着你们不管在一起做什么，都要做到完全透明，充满乐趣，并且公平、体贴。性生活是你们两人之间的私事，所以不要以他人为依据来衡量你们是否姿势正确或性生活是否足够频繁。

不管是性爱、洗碗、为促成双赢而讨价还价，还是发生冲突、争吵，玩笑应该是伴侣日常的重要组成部分。有趣（和幽默）的伴侣往往是最幸福的。从童年开始，一切就与玩乐有关。我们在玩乐中学习，在玩乐中了解自己和他人。完全透明就是自由，而如果关系不够稳固，那么你就无法自由地做自己，无法说出自己的困扰，坦诚而无须伪装或歪曲事实。你和伴侣之间的透明度至关重要，能让你们做的一切充满安全感。想一想这种形式的性爱：有趣、具有探索性、真实、透明、体贴、富于交流、治愈，并且摆脱了恐惧、伤害、羞愧和怀疑。只有双方致力于就一切进行合作与协同，并且始终怀着好奇，愿意去深入了解对方和自己时，这种性爱才会实现。

第 9 章

你的"战斗力"如何

伴侣吵架的情况和相爱的情况一样重要，这是最能预测关系成功与否的因素之一。所有伴侣之间都有冲突，所有伴侣都会时不时给对方造成困扰。一对伴侣是两个有着不同的大脑、不同的性格、许多不同的情绪和不同的思维方式的人。哪里可能出问题呢？处处都有可能出问题。我见过的许多伴侣都认为，他们既然相爱，就永远不应该吵架。当他们吵架时，特别是第一次大发脾气时，他们担心恋情出了问题，甚至担心无法修复。尽管在某些情况下确实如此，但更多时候吵架是因为他们不知道应该如何在不造成伤害的情况下进行沟通。既然冲突与困扰是常态，那么你必须学会好好"战斗"并快速修复，这样才更有可能得到你想要的，并且规避你不想要的。争执通常是因为争取某事而起。学会好好"战斗"，处理好婚前和婚后关系中出现的所有冲突是可能实现的。请记住，你们是一个双人心理系统，所以你们要像在两人三足游戏中一样，齐心协力向前进，如果做不到，就输了。这适用于你们共同生活的各个方面，包括"战斗"。

为什么"战斗"如此困难

"战斗"一词很粗鲁，特别是和亲密关系放在一起时，看上去像……尼安德特人。我们有时会用别的词表示，但其他词仍会有其问题，因为不管你想叫它什么，冲突通常都不好玩。整合本书前面提及的所有内容，你应该已经知道，一个人的"战斗"对另一个人来说可能"只是说说而已"，一个人的喊叫对另一个人来说可能只是"表达"。

让我们回想一下第 4 章提到的麻烦三兄弟。大脑的原始区域、大脑的负面偏见、不安全型依恋，以及伴侣之间糟糕的共同调节，都是使"战斗"如此困难的原因。在这一章中，我将向你们介绍放松身心、在冲突中互相照顾、集中注意力的工具和技巧，并提供关于互动管理的小贴士。

提醒一下，你们双方必须在"战斗"时保持专注，注意用词。只能专注于一个话题。没有哪对伴侣能够在压力之下有效地处理多个话题，我们没有足够的资源。始终关注话题，不偏离话题极为重要。此外，不要占据舞台太久。对话要简明扼要，给伴侣发言权。始终观察伴侣是否表现出压力的迹象，这样你们就能保证对方处于耐受窗口以内。（耐受窗口是一个人能够保持参与而不感到威胁的阈限。）只说必要的话，否则有可能由于使用危险用语而让伴侣兴奋起来。尽量保持友好。你们双方应该尽快走向共同解脱，相信你们能实现双赢。关怀自己的恐惧和利益，同时也关怀伴侣的恐惧和利益。好吗？我相信我们已经做好准备了。

练习

信号 – 响应

这项练习的目标是让你和伴侣探索在交谈时如何向对方发出信号和做出回应。从一个简单的、非对抗性的话题开始，找一些通常不会有异议的话题，例如天气预报、兴趣爱好或者明天的计划安排之类的小事。我列出了一系列问题，帮助你们留意你们的谈话是轻松的还是紧张的，你们的面部表情丰富或平淡时情况有何不同，以及你们是否能领会伴侣的信号提示。

首先，坐在伴侣对面。花点时间放松身体，与伴侣进行眼神交流并建立联结。选择谁先发言、谁先倾听。假设甲是发言者，乙是倾听者。

甲开始说话后不久，乙发出非言语信号并进行回应，以便让甲能够感受到乙的参与。接着，双方讨论以下问题。

- 甲是否收到了信号？
- 乙是否专注，并做出了积极回应？
- 甲是否准确地回应了乙的信号？
- 乙是否向甲提供了线索？

现在来试试别的。这次，甲开始说话，而乙（面对甲）则不要发出任何信号或做出任何回应。

- 甲的体验如何？
- 乙的体验如何？

甲开始说话后不久，乙发出需要说话的非言语信号。

- 甲是否收到了信号？

- 甲是否回应了信号？

- 甲是否做出了消极回应？

- 乙是否清楚地发出了信号？

甲开始说话后不久，乙发出表示倾听和理解的非言语信号。

- 甲是否做出了积极回应？

- 甲对此的体验如何？

- 乙是否有效地发出了信号？

争吵的首要原则

公式如下：当你同时照顾好自己和伴侣时，你说的话更有可能被接受。照顾伴侣包括准确地回应伴侣的信号。如果只照顾自己，你将一无所获，一败涂地。而如果只照顾伴侣，你将放弃自己的需求和愿望。

照顾伴侣通常是最难的。你得知道伴侣对于特定问题的想法和感受。在做任何事情之前，你得设身处地为对方着想，并用语言向对方证明你完全了解对方想要、需要、担心和害怕什么。如果你没有率先表明这些，伴侣会认为他们不得不自己说明。到那个时候，不仅你们双方的宝贵时间会被浪费，而且伴侣已经开始进入急性应激反应。他们会认为，既然你不为他们着想，那么他们得捍卫自己的利益。

宽慰为先

佳米和克洛伊都 40 岁出头,他们经常吵架,通常都是关于公平问题,即两人在对方需要帮助时做了什么。事实上,双方在寻求帮助时可能都不合时宜。双方都希望占用对方的工作时间,并且一方因为对方不合时宜的干扰,另一方因为对方的抗拒和不满而感到愤怒。

> **佳米:** 我一直跟你说,我不能因为你想让我在回家的路上帮你遛马就直接离开会议室。你真是不可理喻,不讲公平。那是你的马!我不想要马,但你想要,并且我们说好马由你负责,不是我。

> **克洛伊:** 哦,拜托,你知道你爱我的马。

> **佳米:** 是。我已经爱上它了,但事实仍是……它不是我的马。我们说好了照顾马是你的责任。

> **克洛伊:** 所以你可以和她玩、喜欢她,而我真正需要你帮忙的时候,只能靠自己。是这样吗?

> **佳米:** 不是!如果有特殊情况,比如在你遇到麻烦时,我很乐意帮忙。但是最近你一直指望我来分担照顾马的责任,那么我拒绝。

> **克洛伊:** 好吧,我自己搞定。我们只做自己的事情。

他们之间的交流在很长一段时间以来都是如此,直到他们明白宽慰为先背后的目的。这与礼貌无关,而是关于生理反应和如何让听众听你说话。在上面的例子里,克洛伊和佳米失去了各自的听众(对方），因为她们忽视了对方的关注点，摆好了迎战的架势。双方都没有采取任何措施去宽慰对方，反而将争吵升级为战斗，并且双方都战败了，这种失败肯定会演变为敌对状态。这里没有赢家。

他们最终领会到什么是宽慰为先，让我们看看这次情况如何。

佳米： 我知道你今天在遛马问题上遇到了麻烦。它只有你，而你还有工作面试。对不起，我无法在电话里做出更多回应，我正在开员工会议。

克洛伊： 我今天早上应该跟你确认面试的事情。我只是没有提前考虑这些。对不起，我不是故意要打断你的会议。不过，我还是想知道，当我绝对需要你时，你会帮助我。我知道我们有过关于马的约定。但可能有时候我需要你的帮助，我也会帮你。

佳米： 当然，我明白。听到你确认我们之间的约定，我就放心了。我担心你有时会让我在工作时间遛它、喂它，那样我会生气。

克洛伊： 不会。我再也不这么做。我只是在说我无法控制的紧急情况。

同时照顾自己和伴侣的首要原则是宽慰为先。还记得你在第3章中了解到的原始区域吗？这个区域更有可能在你心烦意乱的时候操控你。尽管我们都知道，最好三思而后说或后行，让大使区域参与进来，但是盛怒之下，原始区域几乎掌控了一切。所以，在谈论压力或困扰时，要做到宽慰为先。这样伴侣的原始区域才会解除武装，并在确认你也解除武装之后才采取行动。不这么做的话，伴侣仍会怀疑你是敌是友。请记住，我们都是动物，在受到威胁时，我们的大脑倾向于战斗。我见过伴侣之间因为没有率先宽慰对方，而只是表达自己的观点、需求和恐惧，从而立即陷入麻烦。这会迫使对方保持警惕，只考虑自己的利益。这种情况会导致双方摆好迎战的架势，而一旦走到这一步，你们都会处于敌对状态，并且很难摆脱。

有关宽慰为先的注意事项

- 务必立即让伴侣的原始区域消除戒备，再进行解释、说明自己的动机，或讨论任何可能让伴侣进入防御状态的话题。

- 务必在宽慰时表现出友善的态度。注意你的面部表情、声调和身体动作。

- 务必表达道歉、称赞、欣赏，并对伴侣的所有抱怨进行直接的回应。

- 切勿延迟宽慰。除了即时、友好的修复性回应，其他任何回应都会增加伴侣的威胁反应。

- 切勿详述理由、意图或动机。没有人会在受伤的时候在意这些。在完全卸下伴侣的心理防御之后，再讨论这些。

- 切勿采取防御姿态。"我知道你的情况，但谁来理解我啊"之类的套路，对你们没有好处。

在痛苦中，宽慰要快速、简短

当双方处于痛苦之中时，尽快走向共同宽慰至关重要。不要磨蹭。这意味着即使你们双方只有很短的时间，也要尽快把事情做对、做好。你们都应该努力寻求双赢的解决方案，让双方都能安心（至少暂时如此）。要达到这个目的，你们得行动起来！你们得以某种方式让事情取得进展。

我希望你们两人都善于迅速应对和摆脱麻烦，善于尽快处理带来痛苦的问题。这需要技巧，需要我们调用到目前为止讨论过的所有知识，也需要具备合作与协同的意愿。

如果你们长期处于压力或痛苦中，你们就会记住这种长时间的紧张感，这种感觉会很容易再次激活。处于压力状态或感到烦躁时，说话（及用词）可能会成为大问题。我们失去了思考、处理信息和等待反应的资源。思考、说话、解析和理解单词都需要耗费资源。所以要直击要点，然后交给伴侣。说得越多，就越有可能说出危险的单词或短语。使用友好的手势、面部表情和肢体接触（如果合适的话）。只说要点，直击重点。只谈论一个问题，直到解决为止。如果你们时间不够，那么向对方保证你们很快会再次处理这件事，并将问题解决。

在冲突开始时，面对面保持眼神交流。我们都是视觉动物，当我们关注彼此身体的这个区域时，我们会接收并处理关键信息。在现实生活中，这意味着什么？在紧张之际，我们如何理解伴侣？这意味着我们需要直接面对伴侣。我们通过视网膜中央凹（黄斑的一部分）才能清晰地看到世界。中央凹只有约别针大小。严格来说，通过中央凹以外的区域看时，我们是失明的。这意味着我们看向正前方时视力最为清晰，而看旁边时则不然。由于我们的眼球快速运动，我们并没有意识到这一限制。例如，当我们看侧面的脸（如瞥了一眼）时，我们的杏仁核就会因为缺少连续、清晰、明确的视觉流而被激活。你应该还记得，杏仁核具有重要的威胁搜寻功能。因此，如果争吵时你坐在伴侣的身边，你们之间的痛苦就更有可能升级，这仅仅是由于眼睛的机制局限、杏仁核的参与度增加，以及你无法从侧面读取伴侣的面部表情。

除了在紧张时刻应该面对面之外，另一个注意事项是我们绝不应该通过电子邮件、短信或电话吵架。重申一次，我们是视觉动物，视觉是我们神经系统最重要的共同调节器。声音排在第二位。触摸可能最能让我们平静下来，但单凭它也可能起反作用。所以……让眼睛来搞定！

如果双方没有保持近距离的眼神交流，交流就有可能失去实时性。你会沉迷于信息（关于过去、未来、当下），并且失去快速移动的视觉流。缺少视觉流时，你会想象一些事情——你认为那会是什么呢？如果你对伴侣不满，你觉得你会想象充满爱意的伴侣吗？不会。你会在想象中描绘伴侣和自己。记住，大脑总是在填空和编造。如果你的心情很糟糕，你的记忆就会处于这种状态，你的感知也会随之扭曲。如果双方都心情愉快，那么通过电话交流没有问题，但是如果你们心情不佳，这么做就不太好。再说一次，你的视觉大脑会填空，会根据心情描绘伴侣的面部表情，并以此为基础进行各种想象。我不知道你会想象些什么，但我不想你在缺少视觉流的情况下陷入争吵。

你的视觉皮层

枕叶（视觉皮层）位于大脑的最后部，但在枕叶区域之下有更深的区域，负责非常复杂的视觉整合。腹侧视觉流可能是最复杂的视觉路径，它从枕叶皮层向下穿过下颞叶区，再经过所谓的梭形面部区（FFA），该区域的功能为读取面部表情。

电子邮件和短信可能非常适合用于安排日程、传递信息等，但这些交流方式会让试图处理人际问题或在痛苦中共同调节的伴侣陷入麻烦，特别是当这些伴侣缺乏技巧时。我甚至听说伴侣使用表情符号来交流他们的感受。现在有研究表明人们可能会错误地解读表情符号，其原因与信号－响应系统流动的中断有关。

在第4章中，我将信号－响应系统描述为伴侣之间言语和非言语交流中的一连串微小的时刻，它能够促进共同调节与协同。如果伴侣成功进行了共同调节，他们会对信号－响应流中的"错误"进行细微的校正，这些错误让他们暂时失去协同，但只持续几毫秒。他们之所以能够成功，是因为伴侣会自动纠错，并迅速恢复互相协同，而意识不到互动中的这些小问题。当错误增加或持续却没有得到纠正，或出于某些原因发生纠错失败时，伴侣们将感到痛苦。

杰瑞正在和塔玛拉交谈，后者对自己的新工作感到很兴奋。在塔玛拉说话的时候，杰瑞插入了一个冷笑话。他发现自己扰乱了塔玛拉的注意力，于是立即进行纠正，不再期待塔玛拉做出任何回应，而是重新将注意力集中在塔玛拉的讲述上。

持续性不协同，即双方努力方向的冲突，是伴侣陷入痛苦的原因。如果伴侣无法及时调整，可能会失调并失控（进入急性应激状态，或面对生命威胁）。你可以想象，在电子邮件和短信里，没有连续的信号 – 响应流，所以没有快速纠错的途径，故而很有可能出现持续性不协同。

所以我大声呼吁，要始终关注目标——当然，指的是伴侣的脸。在你说话时，密切注意伴侣的脸和眼睛，注意他们的变化。如果出了岔子，那么中止谈话，找出问题，解决问题，然后再继续。正如我之前所说的，不要讲太多，也不要霸占舞台太久。你不是在独白，记住：你们是一个双人系统，注意信号 – 响应。如果你不注意，将无法纠错，也将失去协同，这将导致更多的错误和更大的威胁。如果伴侣很沮丧，你也会沮丧；如果伴侣兴奋过度，出现急性应激反应，你就会失去观众，一无所获。如果伴侣觉得自己被困住了，无法战斗也无法逃离，就会崩溃或回避。结果是一样的：你输了。

一次处理一个问题

当彼此发生冲突时，注意不要偏离正轨，坚持专注于一个问题。

在当前问题得到完全解决之前，绝不要讨论另一个话题或问题。一次一个问题，不要在那个问题上添油加醋，否则会造成麻烦。抵制其他问题的诱惑！处理哪个问题就只谈论哪个问题，在问题得到解决且双方都松一口气之前，不要谈论别的问题。只有在问题解决时，才可以把另一个问题摆到台面上。所以如果伴侣就任何事情发表不满，你要做的是同时照顾自己和伴侣，首先宽慰对方，采取一切必要措施让伴侣卸下防备，缓和情绪。只有在伴侣已经释然，并发出信号时，你才能解释你的立场和意图——只要不破坏刚刚创造的缓和气氛，你可以做任何事情。你们双方都有责任进行这种互动。记住，这是一个关于唤醒的游戏。如果多说几句，你就可能增加彼此感受到的威胁等级，让你们的原始区域在大使区域缺席的情况下参与进来，从而导致你们走向战争。最终结果呢？除了悲伤，你们都将一无所获。

紧张与放松

心理生物学领域的研究者花费了大量时间研究神经系统的唤醒。研究主要聚焦于自主神经系统。请记住，自主神经系统由两个部分组成：消耗能量的交感神经系统和储存能量的副交感神经系统，你可以将它们分别想象为油门和刹车。你也许记得，我们的耐受窗口是使人保持社会参与和安全感的最佳唤醒度的范围。"社会参与"一词是精神病学家和科学家斯蒂芬·波尔格斯（Stephen Porges）使用的术语，他提出了一个有力的关于人类对于安全、危险与生命威胁的神经生物学体验的理论。[1] 从耐受窗口进入高度唤醒状态时，我们进入战斗、逃离或木僵的应激状态，此时我们正在经历危险。从耐受窗口进入低度唤醒状态，我们会崩溃，就像在经历生命威胁时，我们既无法战斗也无法逃离。换句话说，在耐受窗口以内的时候，我们足够警惕，也足够放松，整个大脑都能处理问题。这么说吧，你是神志清醒的。而在耐受窗口以外时，唤醒可能导致急性应激反应，让大脑中氧气和葡萄糖供给不足，而要操作与错误纠正和自我调节有关的复杂结构，大脑需要足够的氧气和葡萄糖。另外，唤醒过低可能导致能量的不足，这可能产生与唤醒过高类似的甚至更严重的问题。兴奋不足会关闭大脑中与处理经验有关的重要区域。就像灯都熄灭了，（几乎）无人在家。血压过低，心跳过慢，警觉性下降到危险的程度，这可能导致昏迷、僵硬或晕厥。

伴侣双方作为共同调节团队，有责任帮助彼此保持在耐受窗口内。任何一方兴奋过度或兴奋不足都可能成为问题。伴侣之间达到平衡的一个重要方法是"紧张与放松"。"紧张与放松""绷紧与松弛""抓住与放手"都是用来描述我们如何走入与迈出艰难时刻的词组。想象一下肠胃的消化蠕动。在试图消化痛苦的经历时，我们走近它，然后远离它，然后重新走近它，有点像海水潮起潮落，或呼吸一进一出。在处理棘手的问题或情况时，坚持太久会增加紧张感，而且可能会让你或伴侣无法忍受。坚持再久一点，可能还会激活你或伴侣的威胁系统，可能会影响到你下一次处理该问题。而放手太久可能会表现得像逃避，这也很危险。一方或双方逃避的事情会在伴侣双方的脑海里越发凸显。解决过度参与和逃避的唯一方案就是"紧张与放松"。

你们双方都要意识到，不要花费太多时间去处理或谈论任何有压力的事情。想一想，走近，然后远离；抓住，然后放手；紧张，然后放松。放下一切，这样当你们回到任何紧张的讨论时，你们都会重新振作起来，并准备好一起解决问题。

你可以选择坚持己见还是与人相恋

让我们面对现实：我们都希望自己是正确的，我们一生都在表达意见和需求。但请相信我，坚持己见无比可悲。我们以美国"空中飞人"家族（Flying Wallendas）为例。他们世代在马戏团、建筑物、大峡谷和尼亚加拉瀑布表演高空走钢丝。他们最惊险的特技之一是在波多黎各的康达多广场酒店的塔楼上走钢丝。行走时，他们手握长杆以保持平衡。不管发生什么，他们都会紧紧抓着长杆，因为一旦松手，他们肯定会摔下来。

然而，这一天，狂风呼啸，卡尔·瓦伦达（Karl Wallenda）不幸被风刮下了钢丝。他所受的训练让他坚信，无论如何都要握紧长杆，而事实上他必须扔掉长杆，抓住钢丝，才能拯救自己的生命。那些坚持己见的人可能会在亲密关系中遭受相似的命运。许多关系之所以破裂，是因为有人拒绝为这段关系放弃他们的确定性、放弃做"对的人"。

让我们回顾一下我对"麻烦三兄弟"的描述。即使碰上好日子，交流也是复杂而奇怪的。大多数时候，我们都在误解对方。记忆里充斥着修饰、情绪的影响和编造的内容。换句话说，记忆并不可靠，并不是对事件进行连续录像之后进行回放。感知像哈哈镜，会因为我们的心情而扭曲、改变。基于这些事实，你能有多正确？你是否愿意把一段关系押在这种"正确"上？如果是，为什么要这么做呢？如果你有理由，你可能倾向于单人心理系统，而这不会帮助你和伴侣建立安全的依恋关系。

希望你已经知道人类是多么不完美，关系是多么棘手，特别是成年后的主要依恋关系。我们每时每刻都在犯错，却毫不知情。时间流逝得太快，我们意识不到我们在做什么，以及为什么要这么做。我们总是在按习惯行事，而习惯基于我们的经历。我们会一次又一次做同样的事情，不是因为我们邪恶，而是因为我们不由自主——就这么简单明了。此外，我们之前就已经探讨过，我们的大脑自出生起就带有负面偏见。如果没有积极的输入，我们就可能进行消极的思考。更重要的是，大脑总是偷工减料，敷衍了事。现在，你如何能确定自己是正确的而伴侣是错误的呢？作为伴侣关系治疗师，我很肯定，除了极少数情况，没有天使，也没有魔鬼。我们只是根据记忆而自动采取行动和做出反应，误判意图，误解对方，并试图感到安全和安心。

将关系而不是正确性置于首位，意味着必须吞下自己的骄傲。犯错时承认错误很痛苦。受到不公正的对待，却还坚信自己是正确的时，承认错误会更加痛苦。下面是一个例子。

玛乔丽经常因为肯特开车时离另一辆车太近而跟他在车里扭打起来。玛乔丽乘车时极为焦虑。当肯特离前面的车太近时，她会开始抱怨。这让肯特气愤不已。当玛乔丽看到刹车灯时，她本能地抓住肯特的腿，右脚猛踩，仿佛在踩脚下的刹车，并大喊一声"天啊"。肯特吓了一跳，踩下刹车，冲玛乔丽大吼，对方也立刻大声尖叫。肯特随后假装要在高速路边停车，这样他就能以让车转向反方向来威胁玛乔丽让她闭嘴，或坚持让她开车。这一举动让玛乔丽越发焦虑和恐慌，只能冲肯特大吼大叫。肯特倒从来没有真的停过车，只是冲玛乔丽大骂了好几分钟，说她多么烦人，自己多么讨厌开车带她去任何地方。

是不是听起来很耳熟？也许自马被驯化和马车出现以来，伴侣之间就经常因为这些事情吵架。这是古老的司机－乘客困境。男性讨厌被人指手画脚，而女性觉得自己像无助的乘客，必须忍受男性的自负。⊖

玛乔丽和肯特似乎都不愿意向对方道歉，因为他们都觉得自己很委屈。在这个例子里，伴侣双方都傲慢自大，无法收拾自己的残局，无法迅速而流畅地向前迈进。他们修复关系的尝试是下面这样的。

玛乔丽： 我一遍又一遍地请你保持距离，但你还是离别的车那么近，我很厌烦了。你这么做就是为了激怒我。你每次都做到了，然后还怪我做出了反应。

肯特： 喂，每次我们一上车你就来烦我，我也很烦。如果你不喜欢我这么开车，为什么不自己开呢，然后我在⋯⋯随便什么地方跟你碰头！我不在意。你没必要吓我一跳，然后来

⊖ 我很少把问题归咎为性别，但这个司机－乘客问题是我经常从伴侣那里听到的抱怨。

烦我，没完没了地烦我，差点让我出车祸。我再也受不了了。

嘀嗒、嘀嗒、嘀嗒——这个过程太长了。在这些对话里，什么目标都没有达成，没有人记得下一次要怎么做。浪费了几个小时，这对伴侣除了离死亡更近一步，没有任何收益。对话应该如下展开。

肯特：[在不开车的时候，注视着玛乔丽的眼睛。]对不起，我离那辆车太近了。我知道你一直告诉我别这样，我也知道这让你很害怕。我就是个白痴。你的指手画脚让我很生气，但我知道，我没有任何借口这么做。我很抱歉，亲爱的。我不该对你大喊大叫，只是你那样抓着我的腿，我大吃一惊，真是吓坏了。我知道你不是故意的。

玛乔丽：谢谢你，我是认真的。真的，谢谢你，你真好。我有时以为你是故意的，但我知道你不是。我应该更放松一些，但这很难，我很紧张，怕你会撞上前面那辆车。你知道我曾经历过这种事，所以我很敏感，担心再次发生可怕的事情。我不应该这么激动。我知道我吓到你了，我很抱歉。[她压抑住笑意。]这很傻，但这是一种本能。老实说，我控制不了我自己。

肯特：我知道。好的，我会更加周到，不再这么混蛋。好吗？但如果你能找到办法让自己在车里稍微放松一点，就更好了。

玛乔丽：我会试试。只是……真的不要这么……靠近别的车。我是说，想想看，如果前面的车刹车很急，你可能来不及反应就撞上去。

肯特：是，你是对的。对不起，亲爱的。

解决。他们显然取得了进展。那么，这是否意味着这种事不会再发生？不是。但是，如果玛乔丽在肯特发动车子之前，温柔地让他注意这件事、帮助她缓解紧张，肯特很有可能会按照玛乔丽的要求去做。同样，如果肯特在开车之前，温柔地让玛乔丽帮自己减轻驾驶压力，他也可以告诉玛乔丽，他会留意前方的车辆。

接下来请看我自己的例子，涉及我的女儿乔安娜。我记得不久之前，我跟她之间有一点矛盾。我坚信她错了，而且我不打算道歉——不，绝不道歉。她应该向我道歉。特蕾西让我去找乔安娜和解。"记住，你是成年人。"这个女人显然并不明白我所遭受的不公。该死，我没错。但我处理得不好，说话太重，没有听乔安娜说什么。我也不打算这么做，因为我不想听她辩解。有好一会儿，我分不清她的所作所为和我的不良行为。后来，我敲开她的门，不好意思地向她道歉，说我不应该大发脾气，朝她大吼大叫。她哭着感谢我，然后为她的所作所为道歉。等我们双方都松了一口气之后，她解释了她的看法，我意识到我误解了。我向她解释我的观点，她也能够理解。当我们度过这个和谐时刻时，我们承认自己的盲点和伤口，从而加深了我们的关系。

为了关系愿意认输，不仅是在犯错时愿意承认错误，也是在觉得自己被别人冤枉时，同样愿意承认自己的错误。这意味着愿意挨一拳却不进行反击，不惩罚对方，不怀有戒心。忍受他人的抱怨或伤害所带来的痛苦，是强大而非懦弱的标志。

放低自己的艺术

对于动物而言，在受到威胁时，肚皮朝上与静止等死是不一样的防御机制。肚皮朝上正是我所说的"放低自己"。同样，一些研究危险动物或与它们打交道的人知道应该如何放低自己，以免被误认为是食肉动物。[2] 在受到威胁时或想要表现友好时，人类也会这么做。放低自己的艺术并不只是一项生存技能，也是通过身体向伴侣展示自己没有恶意的技能。有时候，放低可能确实需要你移动到比伴侣更低的地方！对很多人来说，看到伴侣身体移到地板上、盘腿坐着，能立即让他们的原始区域消除戒备。非常神奇。但是放低自己并不总是需要这么戏剧性，可以是低下头，并改变声音或面部表情来表示自己没有恶意。我们是视觉动物，所以身体"语言"非常重要。每当我看到伴侣一方不懂放低自己去获取自己想要的东西时，我总是觉得很有意思。放低身份经常与诱惑行为相结合，或出现在一个人试图用身体和声音来说服另一方时。

练习

五分钟争论

如果你和伴侣前来咨询，在某个时候我可能会让你们争论五分钟。

其目的在于让你们进行一次限时压力测试，试试如果只有五分钟时间，你们双方会怎么做。游戏规则如下：选择你们当前关系中的任一热点话题——你们中有一方可能厌烦某事或想要某物，或者可能只有一方一直在付出。话题并不重要，只要选择你们有分歧的话题，争论时间设定为五分钟。你们有五分钟时间来解决问题，最后必须达成一致，完全松一口气，做好充分准备，不留遗憾地继续前行。如果你们无法最终达成一致，那你们就失败了……再试一次。这是练习。为了实现这一目标，你们必须协作，按我说的去做——同时照顾自己和对方，放低自己以示"友好"，保持面对面并进行眼神交流。你们不是要在这里治愈癌症。你们不需要解决所有问题，你们只是把脚趾头伸进某种黏糊糊的东西里，再用对双方都有利的方法去除这些黏性物质。仅此而已！

你们可以考虑给自己录像。如果可以的话，进行一段模拟争论，录下争论过程。确保光线充足，能抓拍到你们的脸和身体。注意每一方浪费了多少时间、说的哪些话或做的哪些事可能会威胁到对方、是否主导谈话、是否没完没了说得太久、身体移动还是静止、有没有面部表情，以及看上去是否友好。也注意你们的声音，注意你们是否跑题，注意你们是否先宽慰对方。还要注意你们觉得你们像恋人还是商业伙伴。

练习时需要记住的事情如下。

- 宽慰为先。
- 确保伴侣准确地知道你是否了解他的愿望、需求、恐惧和担忧。

　　设身处地为伴侣着想。

- 充满爱心，表现友好。"放低自己"。

- 尊重、仰慕并欣赏对方。

- 关注伴侣的脸、声音和动作，寻找痛苦或解脱的迹象。

- 立即处理痛苦或威胁。

- 坚持双赢，促成双赢。

- 考虑放弃对绝对正确性的需求。

- 练习"紧张与放松"。

　　我希望你们已经了解到宽慰为先、在争吵时进行眼神交流、关注对方的唤醒（威胁）水平以及留意"麻烦三兄弟"的重要性，特别是在处理敏感话题时。随着关系的发展和稳固，在出现分歧时，你们会更容易找到双赢的解决方案。

第 10 章

未来会怎样

我们已经探讨了很多内容。你们现在更了解对方和自己，也更清楚你们建立稳定关系的目的了——至少在我看来是如此。我希望你们在一起时经常使用这本书。经常回过头做一些练习，将这本书作为参考和记录成长的途径。当你们开始了解书中的原则时，我希望你们能更加注意你们周围的其他伴侣。你认为他们处于稳固的关系之中吗？他们在公共场合会互相保护吗？他们相处愉快吗？

这个世界喜欢伴侣

这个世界喜欢伴侣——一直如此，这是贯穿人类文明史的真理。人们都有帮他人配对的倾向。我们很多人对名人伴侣非常着迷。漫画迷、电影迷和电视迷一直在给角色"拉郎"（"拉郎"是一个新词，是指与真实或虚构人物建立恋爱关系的俚语）。家庭给家庭成员拉郎，团队给团队成员拉郎，电影工作室为了宣传给他们的签约演员拉郎，政界候选人有时也会被他们的经纪人拉郎。信不信由你,所有这些都已由来已久。人类帮他人配对的需求可能是一项基本需求,能让人产生一种充满希望的感觉。英国著名精神分析学家威尔弗雷德·比昂(Wilfred Bion)在提到团体心理治疗的常见问题时,认为有些团体为了避免痛苦的问题,会试图给成员配对。[1]

还记得 2009 年擅闯奥巴马白宫晚宴的萨拉希夫妇吗?他们没有接到邀请,却还是设法混入晚宴。他们是怎么做到的?是否因为他们衣冠楚楚,外表"光鲜亮丽"?并不是。他们都是骗子,不过是在作秀。

这个世界确实喜欢伴侣,但并不喜欢可怕的伴侣。如果伴侣行为不良,特别是对彼此很糟糕,人们可能一时会被迷住,但很少有人愿意与他们在一起度过时光。顺便说一句,他们的孩子通常也有同感。

寻找导师型伴侣

留心导师型伴侣——一对你仰慕的伴侣。在大多数情况下,他们的年龄比你和你的伴侣都大。导师型伴侣可以作为现实生活中亲密关系的成功案例。真正的导师型伴侣并不完美,他们的关系轨迹可能并非一帆风顺。相反,许多关系最好的伴侣都克服了巨大的挑战,并从中收获了感悟和智慧。确保你仰慕的是他们真实的情况,而不只是从远处看到的表象。去了解他们,了解他们是如何做到的。他们在遇到挫折或压力时如何应对彼此？向他们询问，了解他们的痛苦与磨难，以及他们是如何克服的。

当然，我们无从知晓两个人之间到底发生了什么。不过，导师型伴侣应该能提供很详细的记录，证明他们之间关系的真实性。你们的导师型伴侣也许与你们年龄相仿，通常更年长，不过也可能更年轻。注意他们。与其他幸福的、似乎在做本书提到的事情的伴侣交往。请记住，与人在一起能产生认同。如果你们与幸福的伴侣在一起，与那些关系稳固的伴侣在一起，你们的关系也会得到巩固。

展望未来：成为导师型伴侣

我们需要导师型伴侣，希望你们能成为他人（包括朋友、家人、孩子和同事）的导师型伴侣。试着展望你们的共同生活。想象一下你们的五周年纪念日。你们的关系在自己和他人眼中将是什么样的？你们希望这段关系变成什么样？想象一下你们的十周年纪念日。你们双方学到了什么？你们会成为更好的伴侣吗？你们会对自己取得的成就感到骄傲吗？其他人会羡慕你们这对伴侣吗？你们的情感是真实的吗？你们仍在朝着最初的方向迈进吗？现在，去往你们的 20 周年纪念日。如果你们已经生儿育女，他们会如何看待你们的伴侣关系？你们会成为他们的榜样吗？你们是否提供了稳固关系的榜样供他们和其他人参照？你们之间的协作、友谊和投入令人羡慕吗？你们是否比你们的父母做得更好？也许你们关了灯躺在床上时，可以仔细想想这些问题。展望未来，展开时间旅行并想象你们的关系在共同的生活旅程里将会如何变化。不要随遇而安，不要在没有方向、没有愿景的情况下任由未来发生。指出你想要什么！

许多人害怕这项练习。这项练习并不是让你准备自己的悼词或墓志铭。事实上，后者也不是个坏主意。让我们来谈谈死亡。

你的伴侣可能明天死去

我不想在这里制造苦闷。想到明天你可能失去伴侣，会让你在今天更珍惜对方。我们都倾向于进入一种节奏或一个领域，在那里我们可以脱离一部分现实。我们认为事物（包括对方）的存在都是理所当然的，好像什么都不会改变，什么都不会消亡。这极大地影响了我们当下的处世方式。我们可能不想让自己被伴侣此刻的愿望、需求或感受所困扰。但是想一想——如果你突然失去伴侣，会怎样？天有不测风云，人有旦夕祸福。你会后悔吗？你会希望自己说些不一样的话，做些不一样的事吗？你会想弥补或说出一直难以启齿的真心话吗？如果你不愿意考虑伴侣可能明天死去这种冰冷的、让人难过的可能性，那么你没有真正生活在现实中。今天的事，今天就处理好。与伴侣共度今天的时光，要说什么今天就说，要做什么今天就做，别让自己不得不去想"我希望曾经做过（说过）……""如果我能回到过去……"，或"我本来应该（能够）……"。你会感谢我提醒你时光飞逝，现在就是心怀感恩、知足常乐的最好时机。

表达感恩

表达感恩，因为感恩是幸福的关键。事实上，懂得感恩的人不太可能感到抑郁或难过。大卫·雷诺兹（David K. Reynolds）是一位多产的作家和内观老师，他多次证明，感恩能对个体产生强大的抗抑郁和抗焦虑的作用。[2]内观是日本一门激发感恩之情的学科。内观认为，痛苦通常来自人类倾向于关注自己所缺少的或没有的东西，却没有清点陌生人和所爱之人每天给予我们的东西。每个人都是自私的，但我们一直得到他人的支持和帮助，而且如果我们每天都认真审视，我们会意识到我们的付出永远没有收获多。

（练习）

内观

你们双方都执行以下操作。拿一些纸，画出三列。在第一列的顶端，写上"[伴侣姓名]给我的东西"。在第二列的顶端，写上"我给[伴侣姓名]的东西"。在最后一列，写上"我给[伴侣姓名]造成的麻烦"。至少花30分钟完成这项练习，并对自己完全诚实，这一点很重要。你可以聚焦于最近三个月，以获得大量数据。将尽可能多的时间花在第一列上，准确写下伴侣给你的东西。

正确示例：

• [伴侣姓名]每天给我做早餐。

• [伴侣姓名]从市场给我买（具体的）食物。

- [伴侣姓名] 上周开车送我上班。

错误示例：

- [伴侣姓名] 总是为我做好事。

- [伴侣姓名] 经常为我擦背。

- [伴侣姓名] 照顾我。

写完这一列之前，不要开始写下一列。认真思考，在写第一列时，只关注你所得到的，不要关注给予者的态度。只关注事实。接下来，继续看下一列，关注你给伴侣的具体事物。最后一列，即你给伴侣造成的麻烦，与第一列一样重要。没有第四列让你列出伴侣给你带来的麻烦，因为内观认为你已经知道这些。

正确示例：

- [伴侣姓名] 开车送我上班，我害 [伴侣姓名] 迟到。

- 我上周外出就餐前冲 [伴侣姓名] 大吼。

- [伴侣姓名] 昨天特意去帮我取药。

错误示例：

- [伴侣姓名] 总是抱怨我很烦。

- [伴侣姓名] 告诉我今天早上我表现不好。

- 我很糟糕，[伴侣姓名] 值得更好的人。

这个练习需要一些功夫和努力，所以我知道这可能不是你的首选练习。不过，我向你保证，如果你花时间与对方一起完全诚实地进行内观，你会很惊奇地发现第一列和第三列总是比第二列长。如果做法正确，你可能受到触动，想要做些什么或说些什么来表达你的感激和难过——虽然你是个混蛋，你却得到了这么多。试试吧，相信我，不会错。

尊重并害怕对方

我知道这听起来很矛盾。我之前说过，你们不应该害怕对方。确实如此。尊重并害怕对方的意思是，你们应该害怕自己因为过失、背叛或越界行为而失去对方。强大的伴侣由强大的双方组成，越界者会被舍弃。如果你们双方都不愿对越界行为做出恰当回应，那就完蛋了。你们给了彼此一个失去尊重的理由。

毫无疑问，稳固的关系是有条件的爱。只有给孩子和宠物的爱是无条件的。你们是成年人，在一起是自愿的。只有你们的行为忠于稳固运行原则，伴侣泡泡才是完好的。如果你跨出界线，你的伴侣必须出击，反之亦然。我们都需要知道我们的极限，而且你们俩必须让对方受到同样的限制，如果超出了这些限制，就必须采取行动。请记住，实际上你们是在说："这是我们能做的，而那是我们不能做的；这些是我们共同商定的限制，而不仅仅是我自己的。"

伴侣双方在关系中是平等的利益相关者。你们可能相互促进并保证共同的生存与繁荣，也可能共同走向毁灭。如果对方违反了重大协议却没有立即进行修复并补偿，你可以选择退出这段关系。出于对对方的尊重而害怕对方。划清界限是为了保护每一方的安全，更重要的是为了保护关系的安全与保障。这是在保护你们这个团队的基础，因为如果不能完全信任对方……在一起意义何在？

重新承诺仪式

随着你们关系的发展，不断重新评估你们的关系。也许可以考虑每年都重新向彼此做出承诺。考虑一下，你们可以随时与对方重新结婚或重新承诺。例如，假如你们的婚礼不太理想，那么不妨再举行一次婚礼。为什么不呢？你随时可以重做，并做得更好。错过生日或情人节？只需再过一次，哪怕不是在生日或情人节那天。任何时候修复或重来都不会太晚。关系需要纠错、修复、修改、校正，以及大手笔、高姿态地扭转糟糕的回忆。

重新承诺仪式可能会很有趣。你有机会再度宣誓，希望你现在已经知道，这样的誓言应该得到双方的共同构建和同意。这是以另一种形式再度坠入爱河。也许重新承诺仪式应该植入我们的文化，你们可以推动这项运动的发展。

最后……

对彼此宽容，互相照顾。请记住，你们两人组成了一支生存团队。你们的生活和幸福都依赖于彼此的称职照顾。你们俩一起对抗这个世界。你们是领导者，是大老板，是君主。你们管理彼此，也管理其他所有人和所有事。你们能否成为更好的人、有创造力的人、成功的人、好父母、好朋友、好老板，取决于你们能否携手前行。

致　　谢

　　我要感谢我的编辑朱迪·哈维（Judie Harvey），她在整个项目过程中始终不离不弃，鼓励我坚持完成任务。我还要感谢 Sounds True 出版社的黑文·艾弗森（Haven Iverson）对我和我的作品的信任，也感谢她和我同样看重稳固的关系。感谢 Sounds True 出版社的许多朋友，我与他们共事多年，出版了这本书和两部有声读物。谢谢塔米·西蒙（Tami Simon），她的才华和甜美的声音总是让我感到惊喜。谢谢我的作品经纪人艾曼纽·摩根（Emmanuelle Morgen），她的支持和友谊激励着我写下去。谢谢我的家人、朋友、学生和导师，没有你们就没有我的今天。最后，感谢所有可爱的伴侣，你们如此独特，一直用爱和勇气带给我快乐、鼓舞和惊喜。从你们身上我学到了很多东西。

注　释

导言

[1] Robert Bolton and Dorothy Grover Bolton, *Listen Up or Lose Out: How to Avoid Miscommunication, Improve Relationships, and Get More Done Faster* (Nashville, TN: AMACOM, 2018), 8.

[2] George E. Vaillant, *Triumphs of Experience: The Men of the Harvard Grant Study* (Cambridge, MA: Harvard University Press, 2012), 52.

第 2 章

[1] Stan Tatkin, *Wired for Love: How Understanding Your Partner's Brain and Attachment Style Can Help You Defuse Conflict and Build a Secure Relationship* (Oakland, CA: New Harbinger, 2012), 7.

[2] John Mordechai Gottman, *Marital Interaction: Experimental Investigations* (New York: Academic Press, 1979).

[3] Stephen R. Covey, *How to Develop Your Family Mission Statement*, The 7 Habits Family Leadership Series, read by the author (Salt Lake City: FranklinCovey on Brilliance Audio, 2012), CD.

第 3 章

[1] Carl Jung, *The Red Book: Liber Novus*, ed. and trans. Sonu Shamdasani, trans. Mark Kyburz and John Peck (New York: W. W. Norton, 2009).

[2] Rick Hanson and Richard Mendius, *Buddha's Brain: The Practical Neuroscience of Happiness, Love, and Wisdom* (Oakland, CA: New Harbinger Publications, 2009).

第 4 章

[1] Edward Z. Tronick, "Things Still to Be Done on the Still-Face Effect," *Infancy* 4, no. 4 (2003): 475–82; Lauren B. Adamson and Janet E. Frick, "The Still Face: A History of a Shared Experimental Paradigm," *Infancy* 4, no. 4 (2003): 451–73.

第 5 章

[1] John Bowlby, *Loss: Sadness and Depression,* Attachment and Loss, vol. 3 (New York: Basic Books, 1980).

[2] Inge Bretherton, "The Roots and Growing Points of Attachment Theory," in *Attachment Across the Life Cycle*, eds. Colin Murray Parkes, Joan Stevenson-Hinde, and Peter Marris (Abingdon, UK: Routledge, 1991), 9–32.

[3] Harry Frederick Harlow and Clara Mears, *The Human Model: Primate Perspectives* (London: V. H. Winston, 1979).

[4] Stan Tatkin, "Allergic to Hope: Angry Resistant Attachment and a One-Person Psychology Within a Two-Person Psychological System," *Psychotherapy in Australia* 18, no. 1 (2011): 66–73.

[5] Mary Main, Erik Hesse, and Ruth Goldwyn, "Studying Differences in Language Usage in Recounting Attachment

History: An Introduction to the AAI," in *Clinical Applications of the Adult Attachment Interview*, eds. Howard Steele and Miriam Steele (New York: Guilford Press, 2008), 31–68.

[6] Mary Main and Erik Hesse, "Parents' Unresolved Traumatic Experiences Are Related to Infant Disorganized Attachment Status: Is Frightened and/or Frightening Parent Behavior the Linking Mechanism?" in *Attachment During the Preschool Years: Theory, Research, and Intervention*, eds. Mark T. Greenberg, Dante Cicchetti, and E. Mark Cummings (Chicago: University of Chicago Press, 1990), 161–82; Allan N. Schore, *Affect Dysregulation and Disorders of the Self* (New York: W. W. Norton, 2003).

第 6 章

[1] Harville Hendrix, "The Evolution of Imago Relationship Therapy: A Personal and Professional Journey," *Journal of Imago Relationship Therapy* 1, no. 1 (1996): 1–17.

[2] John M. Gottman, *The Marriage Clinic: A Scientifically Based Marital Therapy* (New York: W. W. Norton, 1999); Margaret S. Mahler, *The Selected Papers of Margaret S. Mahler, Volume II: Separation-Individuation* (New York: Jason Aronson, 1979).

第 7 章

[1] Ellyn Bader, Peter T. Pearson, and Judith D. Schwartz, *Tell Me No Lies* (New York: St. Martin's Press, 2001).

第 8 章

[1] Rachel Herz, *That's Disgusting: Unraveling the Mysteries of Repulsion* (New York: W. W. Norton, 2012).

[2] Charles Darwin, *The Expression of the Emotions in Man and Animals*, 2nd ed., ed. Francis Darwin (Cambridge, UK: Cambridge University Press, 2009).

[3] Paul Ekman and Erika L. Rosenberg, eds., *What the Face Reveals: Basic and Applied Studies of Spontaneous Expression Using the Facial Action Coding System (FACS)*, 2nd ed., Series in Affective Science (New York: Oxford University Press, 2005).

[4] Allan N. Schore, *Affect Regulation and the Origin of the Self: The Neurobiology of Emotional Development* (Hillsdale, NJ: Lawrence Erlbaum Associates, 1994).

[5] Helen Fisher, *Why Him? Why Her? Finding Real Love by Understanding Your Personality Type* (New York: Henry Holt, 2009).

[6] Sari M. van Anders and Katherine L. Goldey, "Testosterone and Partnering Are Linked via Relationship Status for Women and 'Relationship Orientation' for Men," *Hormones and Behavior* 58, no. 5 (November 2010): 820–26.

[7] C. Sue Carter, Angela J. Grippo, Hossein Pournajafi-Nazarloo, Michael G. Ruscio, and Stephen W. Porges, "Oxytocin, Vasopressin, and Sociality," *Progress in Brain Research* 170 (2008): 331–36.

第 9 章

[1] Stephen W. Porges, "The Polyvagal Theory: Phylogenetic Substrates of a Social Nervous System," *International Journal of Psychophysiology* 42, no. 2 (2001): 123–46.

[2] Laura Rose La Barge, "Predator Recognition Behaviors and Stress Hormones in an Endangered Captive Mammal: Implications for Reintroduction" (honors thesis, SUNY

College of Environmental Science and Forestry, 2015),
digitalcommons.esf.edu/cgi/viewcontent.cgi?article=1072&con
text=honors.

第 10 章

[1] Wilfred Bion, "Experiences in Groups: III," *Human Relations* 2, no. 1 (1949): 13–22.

[2] David K. Reynolds, *Naikan Psychotherapy: Meditation for Self-Development* (Chicago: University of Chicago Press, 1983).